發財IQ・EQ

Billionaire's Money IQ & EQ

作者◎金大中

譯者◎李鍾鉉

太雅生活館

發財IQ・EQ

目錄 3

發財IQ・EQ

目錄

發財IQ・EQ

5

序

為了成為真正的富翁

我們都希望自己將來有一天能成為富翁。不過，每個人多少都對富翁有比較負面的偏見，這種偏見有可能是因為別人先完成自己無法做到的事情，而引起的一種自卑感作祟；另一方面，則有可能是看太多「痴子富翁」的緣故。

「痴子富翁」意指物質方面豐富，但精神方面卻相當貧困的人，這樣的人只會存錢卻不懂得花錢，因此很多人稱呼他們為「鐵公雞」或「小氣鬼」。為了防止自己變成上述那種富翁，就必須培養出對金錢較為正當的價值觀，也就是說需要了解對金錢的知識（金錢ＩＱ），以及對金錢的感性（金錢ＥＱ）。

若沒有「金錢ＩＱ」，就無法存錢，也無法讓你的積蓄慢慢增加，也有可能無法保住你原有的金錢。在具備經濟能力的年輕時期，是不會有太大的問題，可是一旦到了無經濟能力的老年時期時，就只能過乞丐般的生活。

若沒有「金錢ＥＱ」，就無法享受金錢的價值，反而會將自己困在陷阱裡，為了錢而過日子。也就是說金錢會變成你一輩子的包袱，不管你去哪裡都會跟著你。想想看，這麼大的包袱每天都壓在肩膀上，是多麼辛苦的事情？

對這些人而言，金錢無法成為「幸福人生的工具」，反而是變成「不幸人生的目的」。很多人認為只要有錢就可以過幸福美滿的人生，但是就算有錢卻無法保證能將自己的人生變成一幅美麗的畫。正因為如此，更需要了解「金錢ＥＱ」。

成為富翁的最佳方法有三種：懂得如何省錢、如何投資、如何管理等。但在你存錢的過程中，切記不要讓自己變成像狄更斯《小氣財神》筆下主角Mr.Scrooge那樣有錢卻吝嗇自私的人。「將自己的幸福建立在別人的不幸上」的那種厚臉皮思考邏輯是最要不得的，更不要變成認為只要有錢就可以解決所有事情的物質萬能主義者。因為這個社會需要的是相互協助與扶持的。

雖然賺錢的過程很辛苦、也會遇到數次的波折，不過，需要花錢的時候，還是要堅持品味。實際上大部分辛苦賺錢的人，往往都會發揮愛心，把錢花在有意義的地方。但是有些暴發户卻喜歡用名牌戴滿全身來展現虛榮，這些人根本就不懂賺錢的辛苦，更不會懂得如何保持花錢的品味。

我曾經寫過一本名為《我的美夢，賺十億元》的書（十億韓幣相當台幣約三千萬）。在那本書上寫著，如果要享受人生，就要把自己變成千萬富翁。那樣強調千萬富翁，不管什麼事情都跟金錢牽扯在一起，我當然也會擔心是否會影響讀者的價值觀，讓讀者誤以為「有錢萬萬能」。不過，金錢當然不可能是「萬萬能」，最重要的不是金錢，而是將自己變成千萬富翁的過程。

就我的認知裡，真正的富翁是指能被人尊敬的富翁。這些富翁懂得如何讓金錢一直裝在自己的口袋裡，更懂得如何花錢。在這個社會中若能多增加這種被人尊敬的富翁，那麼我們的社會肯定會變成非常溫馨的大家庭。因此，對想成為富翁的人來說，真正需要的是如何存錢及如何花錢的平衡調配，而這本書就是為了這個原因才企劃發行的。

非常感謝一向滿臉笑容的光州證券鄭泰錫社長、常常提供建議給我的楊啓福本部長、一直疼愛我的李相律常務，還有給我五萬韓幣當作書錢的金錫鍾常務等公司內前輩跟晚輩、同仁以及各分店長。

也感謝為了編輯及出刊，幕後辛苦工作的出版社相關工作人員。最後當然要感謝《我的美夢，賺十億元》的讀者。

金大中

第一章

賺到千萬元的人
對金錢知識都很強

在我的人生中，金錢是需要但非絕對必要的條件。

「不主張幸福就是以金錢的多寡來決定。但卻必須承認，金錢是幸福不可或缺的重要要素。」

15 在我的人生中，金錢是需要但非絕對必要的條件

金錢——商品交換的實體媒介。也是爲了統計個人財務，以金屬或紙張製造出國家規範的市場認同貨幣。

雖然只是以金屬或紙張製造出的簡單物體，但已經深入至我們生活每一部分的，就是金錢。從早上起床至晚上入睡前，沒有一件事情不會牽涉到金錢：早上起床洗臉的水需要錢，刷牙時的必需品牙膏也需要錢，早餐也需要錢才能準備，還有上班的途中也需要車資，到了午餐時間也需要錢。

這些在我們每個人的人生中，象徵了重大意義的金錢，究竟是什麼樣的特質讓我們感到幸福，也讓我們感到不幸呢？

我們可以問自己，在自己的人生中金錢的意義爲何？這個問題對每個人來說，一定各自有不同的解答。每天在公司我們討厭面對主管的金錢壓迫，也就是「在此畫下不幸的句點，就是幸福的開始！」的一把鑰匙。聖職者也許視金錢如糞土，但顯然地，金錢在我們生活中就是不可或缺，也會帶給很多人不同的影響。

有錢好

首先，有錢才能健康長壽。就算醫學再怎麼發達，還是無法擺脫各種疾病，而當自己生病時，要想恢復健康、延長壽命，都需要錢才能享受各種醫療服務，此時金錢的角色便是令我們健康長壽的一種道具。

住在首爾的朴先生最近因爲得了肺癌而動了手術，爲了讓病情好轉，手術後便搬到鄉下療養，朴先生之所以能享用這些醫療服務，是因爲他的經濟能力許可，才能讓他安心地療養，因此對朴先生而言，「金錢」就是他的救命恩人。

再來是有錢才能教育子女。韓國勞工局最近對九百二十位上班族(平均年齡三十五．一歲)進行調查，七七．九%有子女的上班族會爲孩子安排補習，每月的補習費用平均七千元台幣，也就是說每個人的收入中至少一〇%以上是用作子女補習的支出費用。

17 在我的人生中，金錢是需要但非絕對必要的條件

而每月收入平均在三萬台幣以下的六六．七％低收入家庭，也是每月平均支出四千台幣的子女補習費用。根據以上的調查結果，低收入家庭的子女補習費用負擔愈來愈沉重，雖然不能爲孩子安排高價位的補習課程，只安排了簡單的補習，還是一樣需要「錢」。

最後是有錢才能安心度過老年。人老了之後沒有經濟力，會讓人感到淒涼。有財產的父母，每個子女都想扶養他們；但相對地，對於沒有財產的父母，大部分的子女都不願意扶養，這就是目前最大的社會問題。現實的情況是如此，若沒有錢怎麼能過幸福的老年？到了老年，不管是出去旅行、還是給孫子零用錢，就只有經濟能力足夠的老人才做得到。

當然金錢不是人生的全部，但卻是人生中不可或缺的。若是否定金錢，根本無法談論幸福的人生。因此我們必須要了解「對金錢的認知」，雖然錢不是我們人生的必要條件，但卻是有其存在的需要。

第一章

18

你對金錢了解多少？

「請不要因為你對金錢無知，而傷害到你身邊的人。
學習資本主義的規則，增強你的生存力。」

19 你對金錢了解多少？

韓國信用不良者已超過三百五十五萬人次，這則經濟層面的重要訊息，曾經轟動了整個韓國社會，也就是說，韓國經濟活動人口（二千三百一十三萬人）中的一四％是屬於信用不良者。假設捷運一輛可以載二百人，其中就有二十八人是信用不良；而整個信用不良者當中就有六〇％以上是因爲信用卡費未繳所造成的。當然，沒有任何人會故意把自己變得信用不良，這三百三十五萬人中就有三百三十五萬個故事，但是信用卡就是以自己的信用作爲擔保，用來當作兌換金錢的一種互相約定。因此，超越自己能力範圍過度使用信用卡，分明就是破壞相互間的信賴關係。

那麼這些信用不良的人究竟是什麼樣的人？大部分的人都是因爲對金錢太過無知，自己變得信用不良卻還渾然不知，大多數的人甚至連信用不良的正確定義都還不太了解。

對金錢如此無知的這些「金錢白痴」，首先最需要的就是「學習金錢」。因爲整個社會已經變成若不「學習金錢」就無法繼續生存下去的可怕社會。

一位信用不良者的一天

某位住在首爾的金先生，每天早上都會被電話鈴聲吵醒，這全都是討債公司打來的催款電話。一早就聽到對方用很差勁又沒禮貌的口氣催促還債，讓人感到一天的開始，自尊完全被踐踏無存。

打開信箱又怕被鄰居發現，只好立刻把繳費催款單拿出來偷偷撕掉。甚至走在街上都還會垂頭喪氣。在路上遇到認識的朋友，也沒有勇氣像以前一樣高興地打招呼或握手，甚至更怕有人走過來搭訕。

回到家之後，也跟往常一樣，已有討債公司找上門來。實在沒有臉面對滿臉不安的太太跟孩子。看到桌上放著一張通知書，上面寫著：如果本月內不還清債務的話，討債公司將會採取法律上的行動。看到這金先生下意識嘆了一口氣，而在這個時候又來了一通電話，心跳又開始加速。

21 你對金錢了解多少？

當初是爲了幫朋友的忙，才去當他的保證人，誰知道好心的後果卻是帶給自己莫大的不便，甚至一瞬間害自己變成信用不良的人。金先生每天都過著這種坐立不安的日子。若金先生對金錢有了基本的常識，且對作保證人有基本概念的話，就不會像現在這樣痛苦地過日子。

在現今這個社會，對金錢有充分的了解，並不是爲了滿足自己的知識，而是作爲能夠生存的一個工具。以前唸書的時候，如果成績不好被老師罵一次就可以；但長大後，如果不去好好「學習金錢」，就可能會讓你跟你的家人蒙上揮之不去的陰影。

請立刻重新設定你跟金錢的關係。

「不要以為跟金錢親近就是低級的表現！
這就是你很窮的原因，先反省你自己！」

23 請立刻重新設定你跟金錢的關係。

儒教思想較濃厚的韓國，自古以來就認爲，名門貴族不能隨便將金錢掛在嘴邊談論，這些是只有低層階級的老百姓才會談論的話題。就算眼前已經沒有東西吃了，也不能煩惱賺錢的事情，貴族只能帶著虛榮心過一輩子。

尤其是現今年過三十歲以上的人，從小就受到父母嚴格的家庭教育，因此根本沒有機會能夠了解金錢的眞正意義。

美國華爾街就有個活生生的例子。John Templeton從八歲就開始做生意賺錢，在他住的田納西州的曼徹斯特中沒有一家鞭炮商店，而Templeton卻從那時候便開始意識到「鞭炮市場」的存在和價值，因此他在獨立紀念日前一個月，到附近其他的城市購買了各式各樣的鞭炮，等到了獨立紀念日當天，Templeton便將各式各樣的鞭炮裝在自己的書包裡，帶到教室裡賣給同學，這就是Templeton第一次做的生意。

Templeton的例子如果在韓國發生，一定會有很多人罵他：「小孩子不可以對金錢如此敏感。」所以說我們周圍大多數的人都是對金錢無知的「金錢白痴」。

那些不了解電腦的「電腦白痴」不喜歡碰電腦，而不了解金錢的「金錢白痴」

也不喜歡管理金錢，所以有很多人都是在這種對金錢毫無基本概念的情況下過日子的；也因爲如此，很多人也就比較容易變成信用不良的人了。

在現今講求信用的社會中，如果一不小心變成信用不良，就形同被判死刑。這種悲哀的情況就是因爲金錢教育的不足所產生的。這大部分的責任都在爲人父母的身上，因爲他們從來都沒有好好教育子女，讓他們清楚了解金錢。

IMF送給我們的禮物

經過IMF(International Monetary Fund，國際貨幣基金，這裡指實施IMF造成韓國金融風暴)後，相信有很多人對金錢的認知改變了許多，在金錢的話題上也漸漸能攤開來討論，也會自然地表達出自己對金錢的欲望；甚至有更多人清楚了解，在自己的人生中，金錢的重要性有多高。雖然IMF帶給很多人痛

25 請立刻重新設定你跟金錢的關係。

苦，但讓我們改變對金錢的認知，這也是ＩＭＦ送給我們的禮物。

現在必須承認自己有多喜歡金錢。首先，要先將你的自尊放在一邊，表達出你如果沒有錢連活下去的意義都沒有的態度。現在時代已經不同，隨著潮流的變遷，我們也需要學著淘汰過去式的觀念。

現在立刻重新設定看看自己跟金錢之間的關係，接著判斷你自己能夠賺錢到何時，計算在你的一生中能夠存到多少錢，而等自己老了之後又需要多少錢才能夠養活自己，必須認眞思考如何安享老年。

關於金錢，在很多富翁的認知中，金錢是「殘酷的主人，卻又是忠實的僕人」。如果你能成爲掌控金錢的主人，那麼錢就會是你忠實的僕人；但如果你不幸變成金錢的奴隸，那麼錢就會是你殘酷的主人。而世上所有的富翁大都是金錢的主人。

26

請勿追求金錢，而是要追求金錢知識。

「豐富的金錢知識，就是賺得更多錢的思想基礎。具體的金錢知識比一昧地期待，更能確實掌握幸福。」

27 請勿追求金錢，而是要追求金錢知識。

「財務科技」(Financial Technology)的新手還在一昧追求金錢的時候，眞正的富翁都會尋求充實自我的「金錢知識」。這些富翁每天都會思考如何才能賺到很多錢，也會學習錢對各方面的效益，花了很多時間如此用功學習金錢，在對金錢有所了解之後，這些對金錢的知識，自然也會帶來累積財富的效益。

讓我們回顧一下學生時代，每次班上考第一名的同學，往往都是比其他同學更加努力讀書的，如果別的同學在玩的時候也一起出去玩，別的同學休息的時候也跟著一起休息的話，恐怕是無法達到第一名的成績。相對地，如果你要成爲富翁，就必須要具備適當的資格。

如果你跟別人一樣賺錢、消費，「富翁」這兩個字肯定與你無緣。雖然現在賺錢的水準跟別人差不多，但是只要你能夠了解如何存錢以及如何投資，相信在十年或二十年後的你，一定會跟現在的情況大大不同。

當了一輩子公務員、後來退休的陳先生，是個爲了讓三個女兒安心讀大學，只會拼命死存錢的人。陳先生認爲不管是不動產或是證券投資，都是屬於危險性高的行爲，因此他選擇了銀行存款。不過，陳先生最近相當煩惱，因爲過去每個月靠銀行利息來過活的他，由於銀行的利率從當初的十％逐漸地掉至四％，這已經嚴重地影響到陳先生的生活。

這就是沒有徹底地分析投資性質的關係，有的人就很清楚投資再轉投資的概念，在具備了這種基礎之後，也會帶給很多人幸福及利益。

金錢知識帶給我們的幸福預感

住在首爾的江先生，爲了培養金錢知識，從學生時代開始就投資一點時間不斷研讀經濟新聞，年輕的時候也因爲投資股市而賺了不少錢。當時的股市跟現在的股市情況不太一樣，因此也帶給他更多的利益。

如此地賺了一筆錢之後，江先生就買了棟共三層樓的房子。三樓留給自己使用，而其他樓層則全部出租。每個月房客付給江先生的租金，就是江先生一家

29 請勿追求金錢，而是要追求金錢知識。

人一個月的生活費，加上附近捷運的開通，房價不斷地一直向上飆漲，這就是江先生當初正確的判斷所帶給他的幸福。

正因爲如此，「金錢知識」可說是賺錢的關鍵。沒有「財務科技」知識的陳先生要過著比較辛苦的老年，而具備豐富的「財務科技」知識的江先生，則可以安享幸福美滿的老年。

像江先生一樣認眞學習金錢方面知識的人，大部分都知道賺錢的方法或賺錢的方向。看準時機立刻行動，就能讓你的口袋滿載而歸。但對於沒有具備充實金錢知識的人來說，每天就得辛苦地追求金錢，還不一定能有所收穫。這些不具備金錢知識的人往往都會怨天尤人地說：「爲什麼金錢不會跟著我，只跟著別人！」這就是爲什麼要提醒各位不要追求金錢，而是要追求金錢知識的最大原因。

第二章

以金錢IQ、EQ來自我評價

什麼叫做「金錢IQ」？

「金錢ＩＱ可分為三種類型：存錢的知識、利用錢的知識、守住錢的知識。」

什麼叫做

「金錢IQ」？

33

金錢IQ(Intelligence Quotient)是指對金錢的知識。對金錢的知識可以分成三種，第一是存錢的知識，第二是利用錢的知識，第三則是守住錢的知識。

存錢的知識，是針對在存錢的階段所必須具備的知識；利用錢的知識，則是在投資階段上所必須的知識；而守住錢的知識，則是一開始存錢的時候，就需要具備的知識。

存錢的知識

爲了存錢，最容易接觸的地方就是銀行。通常我們都會選擇在銀行儲蓄，而在選擇儲蓄模式的時候，首先必須先了解哪種模式比較適合自己。

而在存錢的時候，也必須對金錢的現在價値及未來價値有某種程度的了解。

例如你現在有一萬元，這一萬元全部拿去存起來，過了一年後，包含利息預計能夠提領一萬零四百元，而這時候的現在價值一萬元，一年後的未來價值則爲一萬零四百元。現在的一萬元就是一年後的一萬零四百元，而一年後的一萬元就是現在的九千六百一十五元(10,000÷1.04=9,615)，能夠掌握這樣的概念才能夠建立存錢的目標。

利用錢的知識

有很多利用錢的方法，其中最具代表的就是股票和不動產。

我們看到周圍很多人投資股市後破產的例子，這些人大部分都是沒有事前準備好利用錢的知識就貿然投入。

爲了投資股市，至少應該在投資前讀完二至三本投資股市相關書籍才對。如果你對直接投資沒把握，甚至可以利用投資信託等非直接的相關性質進行投資。若是沒有具備好能賺錢的知識而毅然決然投入，一定會帶來破產的不幸。

這點不動產也是一樣。投資不動產並非一定要買土地或大樓。第一次投資不動產當然會是購買自己的房子，爲了買自己理想中的房子，購屋前務必要花多點時間去確認房子周圍的環境是否跟廣告上所講的一樣，這種小動作也算是利用錢的一種知識。

在賺錢的階段中最重要的就是投資基金和機會，投資基金是從存錢的知識中所產生出來的，而機會則是利用錢的知識中產生的。存錢的知識和利用錢的知識搭配得好，就能更早一步邁向千萬富翁之路。

守住錢的知識

在存錢或利用錢的階段中，往往都會產生一些阻礙。沒有錢買房子，但去買高級雙B車、沒有理智地刷卡購物、沒有愼重考慮下就幫朋友做保人等等，這些都是邁向千萬富翁之路上最大的阻礙。守住錢的知識，就是教你如何避開這些阻礙。

爲防萬一，買保險便是守住錢的基本知識。而將來把自己的財產轉讓給子女時會產生的相關稅金，也需要事先了解如何減稅；捐款的時候也需要事先規劃，如果連基本的規劃研究都沒有，就直接撒錢，這就不叫捐款，而是炫耀。

就算成功地存錢或利用錢，但若沒有好好地管理，那麼這些得來不易的金錢有可能一瞬間就消失。守住錢的知識遠比存錢的知識、甚至是利用錢的知識，還來得重要。因此，守住錢的知識就扮演著讓我們成爲千萬富翁的守護者角

37 什麼叫做「金錢IQ」？

色，也提供了如何花錢的忠告。

我的金錢IQ是多少？

「請謹慎確認在這裡提出的金錢IQ指數。
如果答對七題以下，就需要好好地自我反省。」

我的
金錢IQ是多少？
39

我的金錢IQ是多少呢？

把比較抽象的金錢知識作量化是有點困難，但爲了讀者的方便，特別整理出十五個問題，提供給讀者鑑定自己的金錢IQ爲何。

前面七題爲初級水準，接下來的五題爲中級水準，而最後三題則爲高級水準。如果能夠答對十二題以上，就代表在生活上比較不會有困難；若答對題數少於七題，就有可能要過著困難重重的日子，有時候甚至會被人騙錢，而不懂得利用錢存錢的方法，使得存錢的速度比別人慢了許多，甚至一輩子都要過窮困的日子。

1.在具備其他同樣條件的情況之下，對存款者較有利的是哪一項？

a 單次利息支付方式。

b 多次利息支付方式。

c 兩者皆同。

2.銀行的一項方案，對投資信託上都適用的利息稱爲？

a 變動利息。

b 固定利息。

c 確定利息。

3.證券公司的業務爲何？

a 買賣股票的地方。

b 買賣股票及債券的地方。

c 除了股票及債券之外，還有提供金融方案。

4.銀行的存款利息跟貸款利息的差異？

a 時事利息。

b 銀行收入。

c 共同基金。

5.某個大樓公寓附近有山有水，這棟大樓公寓的價位會有所變動嗎？

a 由於昆蟲的關係，房價會跌。

b 自然風光良好的關係，房價會漲。

c 由於容易發生土石流，故房價會逐漸地下滑。

6.跟「臨時仲介」有關的項目爲何？

a 不動產。

b 股市。

c 債券。

7.在以下稅金優惠儲蓄的說明中，比較適合的項目爲何？

a 意指對利息、分配等金融所得，不需課繳任何稅金的儲蓄方案。

b 不分儲蓄期間或儲蓄方案，只要每個人在特定額度內皆能享受稅金優惠。

c 針對利息所得的一般稅率假設爲一六・五％，如果申請稅金優惠儲蓄，則稅率比一般稅率便宜一半（即八・二五％）。

d 目前的稅金優惠儲蓄方案，可以分成以個人或是農民爲對象。

8.以下終身保險說明中，最不適合的說明爲何？

a 終身保險屬於保險契約者死亡後，可收益保險金的保障性保險方案。

b 終身保險的最大優點，就是可獲得保險金的機率是一〇〇％。

c 買保險三年後，如果是自殺的話，是無法獲得保險金理賠的。

d 終身保險的最大缺點就是保險費很貴。

9.在證券市場上常用的「Triple Witching day」（三權到期日）的意思爲何？

a 指數先物、指數Option（選擇權）、個別Option同期屆滿之日。

b 指數先物、指數Option、現物同期屆滿之日。

c 指數Option、個別Option、現物同期屆滿之日。

d 股價大跌的星期一。

10.洪先生認爲不久後股價一定會漲，但就算萬一發生最糟情況也不希望會有損失，那麼對洪性男子最適合的金融方案爲何？

a ELS。

b MMF。

c 投資信託方案(股票型)。

d 投資信託方案(混合型)。

11.以下說明中，針對物價、利息以及匯率的差異性，哪一項說明得最清楚？

a 物價上升的話，相對地利息會下降，匯率比較傾向提升。

b 物價上升的話，利息會下降，匯率也會下降。

c 物價上升的話，利息會提升，但匯率會下降。

d 物價上升的話，利息會提升，匯率也會提升。

12. 金融風暴過後，優良的銀行跟不良的銀行的判斷基準爲何？

a PE。
b PBR。
c ROE。
d BIS比率。

13. 以下非金融機關的是？

a Painans。
b 信用協同組合。
c 互相儲蓄銀行。
d 保險公司。

14.以下的支票說明中，最適當的說明爲何？

a 短期借金借入時所使用到的支票。
b 商業交易時所使用的支票叫做融通支票。
c 大部分的支票皆爲賣出債券。
d 匯支票在實際上的交易時不常使用。

15.下列哪項有誤？

a ABS：資產流動化證券。
b MBS：住宅抵押證券。
c SPC：流動化專門公司。
d CBO：股票擔保副證券。

每個題目答對一題就獲得一分，而所得總分便是自己的金錢IQ。

【答案】

1. b　2. a　3. c　4. b　5. b　6. a　7. b　8. c　9. a　10. a　11. d　12. d　13. a
14. d　15. d

【解釋】

1. 多次意指利息加上利息的方式，因此在其他條件都相同的情況下，當然要選擇多次支付方式比較有利。
2. 大部分的銀行方案皆爲固定利息，不過最近有很多銀行都採用業績分配方案，投資信託方案便是屬於業績分配型，因此適用變動利息。
3. 證券公司除了股票、債券之外，也有處裡CD、RP、收益證券、mutual fund。
4. 時事利息爲根據金融市場的指標利息國庫債流通收益率(三年物)連動的利息。而共同基金則屬間接投資方案的一種。
5. 同樣地區的大樓公寓，看得到山跟看不到山的房價是不一樣的，尤其是看得到漢江的大樓公寓跟看不到漢江的大樓公寓就有很大的房價差異。

6.「臨時仲介」就是指在一定的期間內進行仲介營業的不動產仲介。

7.選項a、d爲針對非課稅方案的說明，c的稅金優惠儲蓄稅率爲一〇．五％。

8.就算自殺，只要買保險超過二年以上，還是一樣可以獲得保險金。

9.現物沒有屆滿的概念，股價狂跌的星期一會叫做「Black Monday」。

10.MMF爲非常方便的一種金融方案，混合型投資信託有分股票型跟債券型的中間形態。

11.物價上升的話，利息也會上升，流動性變豐富的關係匯率也會跟著上升。

12.PER爲「股價／每股純利益」，PBR爲「股價／每股純資產」，ROE爲自我資本利益比率，BIS比率爲BIS所訂定的自我資本比率。

13.Painans爲非金融業的單純證券公司。

14.短期借入金借入時所使用到的支票就是融通支票，而在實際交易中所使用到的支票，則是賣出債券。

15.CBO(Collateralized Bond Obligation)爲債券擔保副證券。

什麼叫做「金錢EQ」？

「對金錢的感性指數，也就是說金錢ＥＱ可以決定富翁的品質。
以對金錢的態度來創造真正的富翁。」

49

什麼叫做

「金錢EQ」？

金錢EQ(Emotional Quotient)意指對金錢的感性。對金錢的感性愈高，對金錢的感情就愈豐富。等於是耐力、意志力兼備的狀態。

金錢EQ高的人，自然就會對「金錢管理」的概念很清楚，因此懂得重視金錢的價值，懂得節儉，也會有較合理的消費行爲，不會漫無目的地消費。

那些對金錢感性很豐富的人，大多爲熱情的人。如果在路上遇到可憐的老人或其他需要幫助的人，就會很熱情地去伸出援手，對於別人的悲傷難過感同身受，像這樣的熱情就是對金錢感性很高的關係。

對金錢感性較高的人，大部分都跟金錢很親近，因此不會像鐵公雞一樣，把任何事情都跟錢聯想在一起，也不會像個貴族一樣執著於名牌。對金錢不會有任何負擔，而是像個朋友一樣地和平相處。眞正的富翁就是對金錢的感性很豐富，懂得守住金錢。

小丁媽媽每次去超市買菜時，都會去三個超市。如果要買農產品就會去H超市，買工業產品就去C超市，買飲料則去L超市。小丁媽媽之所以去這三家超市的主要原因，是因爲H超市的農產品既新鮮又便宜，C超市的工業產品種類多又便宜，而H超市則是因爲飲料比其他超市便宜的關係。

在花錢之前，思考如何去花錢消費，就是金錢的EQ。懂得節省，也懂得幫助別人，這種正確價值觀也可以叫做金錢的EQ。

金錢EQ的核心就是忍耐以及意志力

「要現在就吃一塊餅乾、還是要再等待一下，吃二塊餅乾？」

這是一九六〇年代初，美國的心理學者Walter Mitchell博士，對四歲小朋友進行的一種實驗。

「小朋友！我出去一下下，那邊桌子上有餅乾，如果想吃的話，先去吃一塊，如果可以等我回來再吃的話，我就給你們每人二塊餅乾。」。很多小朋友一

51 什麼叫做「金錢EQ」？

看到博士離開，馬上就拿起一塊餅乾，有幾個小朋友猶豫了一下，最後還是跟其他小朋友一樣拿起了餅乾。但是這些小朋友當中，還是有幾個小朋友展現出自己的耐心，遵守了跟博士之間的約定，因此可以吃到二塊餅乾。

十二年後，再度找那些小朋友進行了調查。當初那些在博士離開後立刻拿起餅乾的小朋友，如今每個人臉上幾乎都顯露出不安或猶豫不決的表情；而那些等博士回來、最後有吃到二塊餅乾的小朋友，還是跟當初一樣展露出自己的耐心、意志力以及自信感。

由此可知，在金錢的感性上，「耐心」及「意志力」是相當重要的，就存錢或如何利用金錢的所有過程上皆可適用。若只單純地對金錢具備很多知識，並不代表就能快速地存錢或者是更會利用金錢。如果再加點對金錢上的EQ，相信應該能夠更快地存錢，也更會利用金錢。

我的金錢EQ是多少？

「有時候謙虛就是美德。如果你的分數為三十分以下，建議你就先開始培養自己的修養。」

53 我的金錢EQ是多少？

爲了檢測你的金錢EQ，請就以下十五個題目進行回答。當然需要誠實作答，如此才能完整地分析你對金錢上的感性指數。而當你在解答問題的同時，也會感受到你自己對金錢的情緒爲何。

1.你在逛街購物時，比較喜歡在賣價較便宜的地方消費嗎？你是否有過在購物消費前，會先上網比較價格的經驗？

a 無所謂啦，直接購物就可以，幹嘛這麼複雜呢！

b 上網怎麼比較商品的價位？

c 自己覺得便宜就買，覺得很貴別買不就好了！

d 的確有比較過價位才消費，結果卻不是買到最便宜的！

e 在我的字典裡沒有「衝動購物」這四個字，在尚未思考周詳之前，絕不輕易打開我的錢包。

2.用你的名義申請的信用卡一共有幾張？爲了以防萬一，是否會另外記錄你的

信用卡卡號？

a 很多信用卡都是在活動期間幫朋友申請的，我自己也不知道到底有幾張。

b 大概知道有幾張信用卡，不過爲何要另外記錄卡號。

c 爲了以防萬一，常使用的信用卡卡號都有記錄，但是不記得記錄在哪。

d 唔……不知道一共有幾張信用卡，但卡號都有記錄了。

e 知道一共有幾張信用卡，也有記錄卡號。

3. 請問你是否會拿出收入的一部分捐出來給需要的人？

a 自己都這麼窮了還捐錢，這是有錢人該做的事情。

b 上次水災的時候，在公司偷偷打了捐款電話，要是花我自己的錢，打死都不會打。

c 有時候高興的話會去捐。

d 我會盡量捐一些，誠意幫助需要幫助的人。

e 雖然只有少少的一點錢，但我常常都會捐出來幫助別人。

4. 在年底的時候，你是否有送過小禮物給送報生或郵差？

a 他們也會領薪水，幹嘛還要送禮物給他們。

b 沒有遇到過他們。

c 在信封上寫過「郵差先生，謝謝你！」

d 有幾次送過小禮物給他們。

e 每年都會送禮物給他們。

5. 你是否拜訪過孤兒院，或爲了獨居老人做便當給他們吃？

a 爲何我要做這些，我不是白繳稅金的。

b 如果有時間的話，我會願意做。

c 以前唸書的時候，常常參加義工活動，如果有機會的話，我會參加。

d 偶爾會參加一次。

e 定期拜訪或準備愛心便當。

6. 爲了緊急狀況，你是否會準備一些「額外的零用金」帶在身上？

a 爲何需要「額外的零用金」？

b 錢包裡都沒有錢，爲何還要準備「額外的零用金」？

c 錢包裡帶著充裕的錢就可以了，有必要準備「額外的零用金」嗎？

d 雖然有準備「額外的零用金」，但最後一定都會被我用到。

e 在身分證後面放三百元的鈔票，這樣比較安心。

7. 信用不良的人就是有金融前科的人嗎？

a 信用不良的人爲何就是有前科的人？他們也是很可憐的耶。

b 金融前科？這話太過分了。

c 唔……可以這麼說吧……我也不清楚……

d 不能說有金融前科，應該是說他們比較沒有做好信用管理。

e 這個世界重視的就是信用，信用不良的人當然是有金融前科。

8. 如果父母沒有把自己的財產遺留給你，而是捐贈給社會的話，你會怎麼想？

a 怎麼會這樣？他們爲何這樣做？給我不就好了？

b 心情當然不好，但這都是父母安排的，我也沒辦法反對。

c 有些難過。

d 這些都是父母的財產，他們要如何使用，我無權干涉。

e 我會覺得「我的父母眞的很偉大！」我會以他們爲榮。

9. 你至少會一年檢查一次你目前的財產狀況嗎？

a 幹嘛這麼複雜呢？

b 唔……我沒什麼財產可以檢查……

c 我想試試看，不過我不知道如何檢查。

d 我上次有檢查過，但忘了是什麼時候。

e 應該要每六個月檢查一次比較好。

10.在你的錢包裡有信用卡嗎？有幾張呢？

a 有信用卡在身邊才能讓我安心。

b 如果放在家裡有可能會被小偷偷走，還是放在錢包裡最安全。

c 每次購物時都使用不同的信用卡，因此大概需要五至六張信用卡。

d 唔……應該需要三至四張。

e 最常使用的保留一至二張就可以，帶那麼多張會讓你吃更飽嗎？信用卡愈多，煩惱也會愈多。

11.晚上喝酒喝到很晚，準備要回家的時候，才發現沒有公車也沒有捷運，這時候你會搭計程車回家嗎？

a 當然！有時候在外面玩到比較晚，沒有車子可以回家，當然就會坐計程車回家。

b 這都是我朋友的問題，我本來很早就想回家的，是他們一直抓著我不放。

c 捷運延長服務時間是最好的解決方法。

d 有時候會如此，但我有在克制自己。

e 晚上十二點過後，計程車費用都很貴，所以最好是在有公車或捷運的時候就回家會比較好。

12. 目前你的債務佔你的財產多少比例？

a 債務也算是自己的能力表現，通常都超過五〇％。

b 這個年頭誰沒有債務，大概四〇％左右。

c 我也不想欠人家，不過爲了生活沒有辦法，我大概有三〇％左右。

d 如果我的債務會超過二〇％以上我會很不安。

e 沒有債務就是財產，因此如果能夠維持二〇％以下的債務是最好不過的。

13. 你常常跟周遭的朋友借錢嗎？

a 是常常跟朋友借錢，不過他們都不太願意借錢給我。

b 會常常借錢。

c 偶爾會借，不過我也會借錢給別人。

d 我覺得跟朋友借錢是件很丟臉的事，因此我都不會跟別人借錢。

e 跟自己最親近的人絕對不能有金錢的往來，我從來都不跟好朋友借錢。

14. 你跟朋友借錢後，是否有沒還錢的經驗？

a 大家都是好朋友，有時候不用還啊。

b 我們都是好朋友，不用跟朋友計較。

c 如果有錢就還，沒有錢就下次再說。

d 盡量還錢。

e 眞的很不了解爲何不還人家的錢。

15. 心情好的時候，不管你口袋裡有多少錢都會請客。

a 當然啊！難道你不會嗎？

b 我有信用卡，不用擔心這麼多。

c 爲了面子，有時候是有必要請客。

d 唔……有時候我也很想請客，但是我一直都有經濟壓力……

e 心情好跟請客有何關係？沒錢當然就不能請客啊！

選項a是1，b是2，c是3，d是4，每一個題目所選的答案項目就是你的分數，把這個分數加起來，就是你的金錢EQ。

如果獲得六十分以上，表示你對金錢的情緒幾乎具備，因此從現在開始，只要想如何存錢跟如何利用金錢即可；不過，若是你所獲得的分數爲三十分以下，那麼爲了讓自己成爲富翁，那就必須要開始培養對金錢上的情緒管理了。

從現在起以千萬指數自我評量。

「以金錢IQ及金錢EQ來確認自己的千萬指數，如此才能強化自己的優點，也可以補足自己的缺點。」

63 從現在起以千萬指數自我評量。

如果你已經確認過金錢IQ跟金錢EQ，那麼接著就來結合這兩個變數吧。

結合金錢IQ跟金錢EQ，就可以判斷出自己究竟是能成爲幸福的大富翁、還是不幸的窮光蛋了。如果金IQ很高，但金錢EQ較低的話，就是名符其實「以爲金錢萬能的鐵公雞」；而如果金錢EQ很高，但金錢IQ較低的話，就是「無能的人」。

這世上的富翁可以分成「幸福的富翁」跟「不幸的富翁」，依我個人經驗來看，「幸福的富翁」大部分金錢IQ跟金錢EQ都很高。

EQ \ IQ	0～7	8～12	13～15
15～29	① 流鼻涕的小鬼	② 悶悶的鐵公雞	③ 守財奴
30～59	④ 笨笨的小孩	⑤ 普通人	⑥ 小氣的大嬸
60～75	⑦ 千萬家財的好人	⑧ 親切的大嬸	⑨ 至尊

① 流鼻涕的小鬼

小鬼！流鼻涕的小鬼！你到底要這樣活到什麼時候？這個世界沒有你想像中那麼單純，對你非常冷酷也非常殘忍！

爲了能存活在這個世界上，需要冷靜的頭腦跟溫暖的心，你怎麼一個都沒有具備？明明需要冷靜的頭腦，你卻在那一頭熱；而需要溫暖的心時，你卻比冰塊還要冰，這該怎麼辦？就算把錢硬塞在你手上，你也不知道那就是錢，看到快要餓死的人也一點感覺都沒有，你眞的是一個無知的傻瓜嗎？

請你現在馬上跑去書店，多看看Financial Technology的相關書籍，直到看到滾瓜爛熟爲止，然後再好好思考你的人生，想想你十年後的樣子、二十年後的樣子。還有子女的問題也需要思考，子女都會像父母，如果你不希望你的子女也變得跟你一樣，是個只會流鼻涕的小鬼的話，那麼請你繼續看書，看書會讓你領悟很多事情，這樣才能在這個殘忍的世界上安心地活下去。

② 悶悶的鐵公雞

對金錢沒有具備很多的知識，對金錢也沒有多感性，而最大的問題就是出在自以爲自己很了解金錢，所以每次都會被人排擠。遇到可憐的人就裝做沒看到，說穿了，你不過是一個沒有多少積蓄、只會悶在一旁的鐵公雞罷了。

不懂得花錢只會一味地存錢的人，爲了賺錢，不顧一切地累積自己的財富，如果有人好心提出建議，只會以懷疑的眼神看著對方，因此周遭的人才會一個個地離你而去，最後落得身邊一個朋友都沒有了。去金融機關吹牛的幾乎都是這樣的人，自以爲憑自己對金錢的知識就可以說服銀行職員，但最後卻還是啞口無言地達不到自己的目的。

如果你也是這類型的人，建議同時進行以下兩件事情：

一、爲了增加你對金錢的知識，建議你多閱讀經濟新聞，不要爲了省錢，而失去閱讀刊載滿滿珍貴情報的那張報紙的機會。

二、試著去做做看公益活動。先到市公所詢問是否有做公益活動的機會，去孤兒院或去養老院，幫忙打掃、跟他們聊天。幫助比自己弱小或是窮困的人，會帶給你一種特別的快樂，同時你也會了解公益活動並沒有想像中那樣困難。

③ 守財奴

守財奴是狄更生創作的《小氣財神》（A Christmas Carol）作品中一個小氣鬼老頭。在聖誕節那天，他的朋友Moray來找他，Moray告訴他，他這輩子爲了金錢不惜犧牲一切，而如今卻只能過著地獄般折磨地生活，Moray勸他不要爲了金錢而活，而希望能過充滿愛情的生活。

守財奴遇見了過去、現在、未來的自己後，眞正領悟到重要的不是金錢，而是愛情，最後回到現實的守財奴便過著充滿愛情的一生。而你現在需要閱讀的就是這本書。

④ 笨笨的小孩

對金錢完全無知，又沒有金錢情緒的笨小孩！你要怎麼在如此艱難的世界中生存？你除了比流鼻涕的小鬼對金錢的情緒稍微優勢之外，其他還是如同一張白紙般的無知。你想繼續過這種日子嗎？如果是我，我會替你擔心你的未來，也希望你不會影響到別人。

你最大的問題就是沒有管理金錢的能力。有錢就花，沒錢就去借，甚至使用信用卡後沒有償還信用卡費的能力，最後變成信用不良的人。流鼻涕的小鬼至少還不知道如何使用信用卡，因此不至於會變成信用不良的人，但你卻每天都得過著會被人追殺的那種痛苦日子。

對你而言，最需要的就是如何管理你的信用，如果不這樣增加你對金錢的知識，你的未來還眞令人擔心。

⑤ 普通人

普通人，指的就是心情好的時候會喊：「今天我請客！」的人，其實大部分的人都是屬於這種類型的人。這些人總希望自己有一天能夠成爲大富翁，可是往往卻無法跳脫小市民的圈圈裡。「如果我有三千萬，而不只是三百萬，那該有多好……」只會一直這樣渴望自己有一天能變成大富翁，但只會想，卻不懂得去努力的普通人，每天就只能不斷地重複過著這樣的生活。

目前國內(以韓國爲例)擁有千萬以上的大富翁大約有一～二%，如果要做千萬富翁之夢的話，一定要先加入這一～二%的階層，而且那就應該要比其他九八～九九%的人更加努力學習才行。如果連這些努力都不想付出、卻希望自己變成大富翁，那麼這輩子是絕對不可能有機會加入大富翁行列的。

至於已經具備好對金錢的基本知識及情緒的你，從現在開始就比其他九八～九九%的人更加努力學習，相信如此一來，千萬富翁的美夢一定就在不遠之處，認眞工作的你，絕對能走向富翁之路！

⑥小氣的大嬸

對金錢的知識很豐富，但對金錢的情緒卻沒有如金錢知識那樣豐富，這樣的人我們通常都會稱之爲「小氣的大嬸」。不用很辛苦地過日子，也不會去得罪別人，但卻是很容易變成金錢的奴隸。如果說賺錢是「技術」，那花錢就是「藝術」。賺錢時，需要煩惱思考，當然花錢的時候也是需要煩惱思考的。基本上金錢就跟妖怪一樣，如果是具備品德的人，就可以得到幸福及名譽，但對於貪婪的人，則容易得到不幸及不名譽。

錢愈賺愈多，就更需要跟更多人分享，這就是幸福的富翁該做的事情。

⑦ 千萬家財的好人

對金錢的知識非常不足，但對金錢的情緒卻非常豐富的人，周遭的人通常都稱呼他是「好人」。可是一旦沒有金錢上的知識，周遭就會有很多人想騙他。爲了同情那些人而輕易打開自己的錢包，結果就會變成窮光蛋過著窮困的日子。有錢的時候，大家都會稱他爲「好人」；沒錢的時候，就會變成「無能的笨蛋」。簡單說這種人就是千萬的好人。

爲了避免破產，從現在開始就要學習金錢知識，而且要認眞學習。對金錢的感性已經形成，如果能再具備更多金錢的知識，那麼你就可以變成完整的經濟人了。

⑧ 親切的大嬸

這是指那些具備了一點金錢的知識，而且對金錢的感性也非常強的人。是我們周圍常常看得到的那種類型。擁有寬大的心胸及溫暖笑容的人，很喜歡幫助別人，也懂得不去打擾別人。維持現狀也不會影響到未來，如果再增加一些金錢知識，相信就能過更舒服、更幸福的日子。

⑨ 至尊

這種人往往都能很正確地了解金錢的定義。懂得如何去賺錢、如何去投資，甚至很明確地了解如何使用自己的財富。

這種人相當令人欽佩！你就是金錢的至尊。至尊不需要閱讀這本書，可以找別的書來豐富你在心理上的知識。

第三章

金錢IQ基礎篇

必須了解的六個賺錢階段的機制

第一階段：徹底掌握金錢的流向。

需要正確地了解自己金錢的流向，
這就是走向千萬富翁的第一條路。

73

在新聞上偶爾會看到利益企業跳票的消息，利益企業之所以會跳票的最大原因，就是「金錢流動」(Cash Flow)上出狀況的關係。如果一個企業遇到「金錢流動」的問題，就會面臨到宣告死亡般的跳票情形。

對個人來說，「金錢流動」一樣很重要。如果個人在「金錢流動」上出現問題，就會影響到整個財務計劃。

如果支出超過收入，就會呈現赤字狀態，也會面臨到債務惡性循環的危機。不過，有一個更大的問題是，明明支出比收入少，但缺錢的問題卻一直無法解決，會發生這種情況，就是因爲沒有有效控管好「金錢流動」。

在沒有控管好「金錢流動」的情況下，往往會發生很多困擾。金錢的支出，在短時間內像泡沫般膨脹，甚至利用現金卡來暫時解決問題，如果事先控制好「金錢流動」，就可以分散支出的時間點，也可以想出更多更好的方法及對策。

可是在沒有如此對策、又在不得已的情況之下使用現金卡，由於循環利息的問題，所帶來的負擔也會相對地沉重，因此若能不支出循環利息就不支出是最好的。

如果是對「金錢流動」觀念較爲遲鈍的人，會連自己的信用卡卡費繳款日是否過期都不清楚。自己明明有支出這筆卡費的能力，卻因爲對「金錢流動」觀念較爲遲鈍，才會常常接到信用卡公司打來催促繳費的電話。

以收益的發生來增加資產的累積

爲了有效分析收益的發生，需要製作屬於自己收入及支出的企業經營狀況一覽表。至於如何在這張企業經營狀況一覽表上記帳，首先將收入的細項記錄列在左邊，在右邊記錄支出的細項，再來拿左邊數字減掉右邊數字後，就可以分析出收益。

接著想辦法將如此過程中所發生的收益，在最短時間內轉換成資產。如果是在存錢的階段，就利用銀行的定存方案；如果是在利用金錢的階段，那就利用證券公司的MMF(Money Market Funds，貨幣市場基金)。

移轉後的收益會增加到資產負債表上的流動資產，因而幫助現金的流動。如此累積到的資產，自然就會變成投資用的基本資金。

上述的說明請參照以下表列：

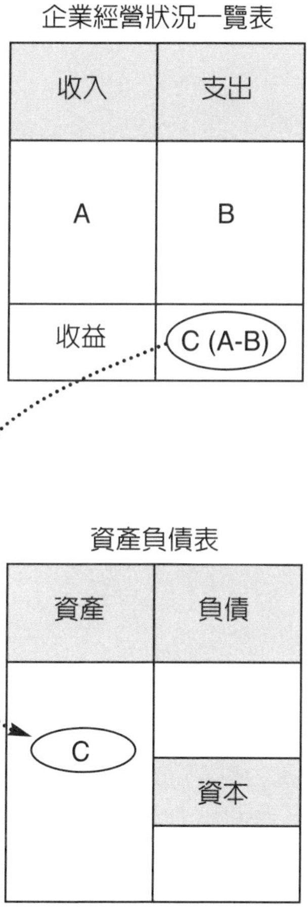

第二階段：盡量擋住漏財的大漏洞。

「需要戰略支出的時機。
擋住漏財的大漏洞，就是邁向千萬富翁的捷徑。」

第二階段：

盡量擋住漏財的大漏洞。

77

對大部分的上班族而言，每月的收入都有一個固定的範圍，因此上班族要注意的不是收入的增加，而是如何減少支出，所以這時就需要擋住漏財的大漏洞。

爲了擋住漏財的大漏洞，首先在買東西時，需要分類，分成「想買的」跟「需要的」。如果有「想買」的東西，先想想看「這個東西的價格一年後會是多少呢？」

在科技開發非常迅速的時代中，現在價值十萬元的東西，在一年後至少會降個一〇％以上，甚至因爲款式舊的關係，價格更容易下降。

如果說這十萬元存在銀行，一年後就可以增加成十萬零四千元，而你想購買的東西再忍耐個一年，至少就可以便宜買到一四％以上的折扣；也就是說，在一年內克制「購物欲望」，防止漏財的機率高達一四％。

使用二手物品也是一種不錯的方法。在存款的階段是不應該購車的，但如果是業務上需要，那就建議先購買二手車就好。當然每個人都比較喜歡新車，但是購買新車時的稅金跟購買二手車時的稅金相比，卻有很大的一段差距。

現在已經變成世界大富豪的一位美國企業家，在他剛開始創業的時候，桌子、椅子、文件箱等所有辦公用品就全都是使用二手貨，如此節省、減少金錢的支出，這些錢就會有效變成可進行再投資的資產了。

將費用轉換成資產的智慧

住在首爾的千萬富翁李總，今年送他太太一顆鑽戒。為了慶祝結婚二十週年而買七克拉鑽戒的主要原因，就是因為當年在他很窮的時候，沒有能力買給她像樣的結婚戒指，因而一直感到愧疚。不過，李總有將費用轉換成資產的智慧，我們先聽聽看他怎麼說。

「金總，我承認我有錢，可是我不想買給我老婆幾萬塊的鑽戒。不過，坦白說買鑽戒比買衣服好很多，你說為什麼？衣服的話，過了幾年就不能穿，可是鑽戒就不同，遇到非常時機時，隨時都可以拿出來用。因此我只送黃金或鑽戒給我老婆，金總你也可以試試看，你老婆一定也很喜歡。」李總為了買鑽戒而支出的六萬元，其實是事先經過計算的，不但增加了有形資產鑽戒六萬，實際上也可算是沒有支出任何一毛錢。

每次都利用這種方式擋住漏財的大漏洞，因此李總才能在最短的時間內增加數十萬元的資產。如果我們能夠學習到李總的智慧，相信更容易邁向千萬富翁之路。

第三階段：盡最大的努力去存錢。

「首先先集中儲備投資用資金三十萬。
這時最需要的就是能夠克制欲望的意志力。」

第三階段：

盡最大的努力去存錢。

81

根據資產已超過千萬元的富翁經驗來看，存到第一個三十萬的過程是最辛苦的，存到第二個三十萬時也感到一些疲累，但至少比第一次容易許多。所以不管是誰，在剛開始存錢的時候都是最辛苦的，但如果能熬過這個階段，就會感受到存錢的魅力。

很多人都是在第一次存投資基金的過程中放棄，但是能在最短的時間內準備完成投資基金，這正是千萬富翁與普通人的不同之處。

爲了在最短的時間內存很多錢，不但不能跟其他人過著一樣的消費型態，在存款的階段更需要投入更大的努力。如果不投入努力，就只能過著跟其他人一樣的人生了。

存款的第一階段，首先要確認自己一年的總收入爲多少，接下來確認自己能夠存款的底限。如果對目前的收入不滿，可能要利用週末的時間找打工的機會，實際上有不少的上班族都會利用早晨的時間送牛奶或送報紙，一方面可以做運動，另一方面則可以賺錢，眞是一石二鳥。

第二階段，設定在現實上能夠達成的目標。設定目標時不能毫無根據就胡亂設定「今年的目標要存到三十萬」，應該要先按部就班「爲了今年能存到三十萬，每個月需要存二萬五千元」。

第三階段，要思考每月能夠存到二萬五千元的方法。好比說一個月薪水中扣除存款用的二萬五千元，再好好思考剩下的錢該如何規劃等。當然你設定的目標太高，會讓你中途放棄的機率也跟著變高。如果你眞的想要達成目標，一定要下定決心才行。

穿男性內衣的崔女士

我們聽聽看，現在正要享受悠閒中年的崔女士的新婚趣事。

「那時候眞的很辛苦，只有一個小小的套房就開始打拼，我跟我老公一起賺錢，付完房租及水電費，剩下的錢幾乎都拿去存款了。那時候曾發生過令人心

第三階段：
盡最大的努力去存錢。

83

酸的事情：要穿內衣的時候才發現，我的內衣很多地方都破洞了，沒辦法再穿，只好穿我老公的內衣。那時候眞的覺得很難過，也哭了整個下午，我問自己說，爲何要過得這麼辛苦，那時候甚至差點放棄存款。但也因爲這樣，熬過很多次難關，才有辦法存到一筆血汗錢。」無法忘記那段往事的崔女士，爲了補償那時候偷偷流過的眼淚，現在只要是買內衣，就一定會穿最好的。也因爲有經歷過年輕時代煎熬的崔女士，才能造就出現在擁有千萬財產的大富豪。

第四階段：適當地投資。

「沒有無投資邏輯的富翁。
為了能夠更快嗅到錢的味道，需要再接再厲。」

第四階段：

85 適當地投資。

要存千萬元一定需要很長的時間才能完成，除非有上億年薪，不然就算花好幾十年也無法達成這個目標。所以對一般小市民而言，千萬元是只有夢裡才能見到的一種幻想。

但是就我的經驗來說，大多數大富豪的「富翁之路」通常都不會是很順暢的，爲了讓你更容易了解，請參照以下圖表。

〔A〕如此不能存到金錢

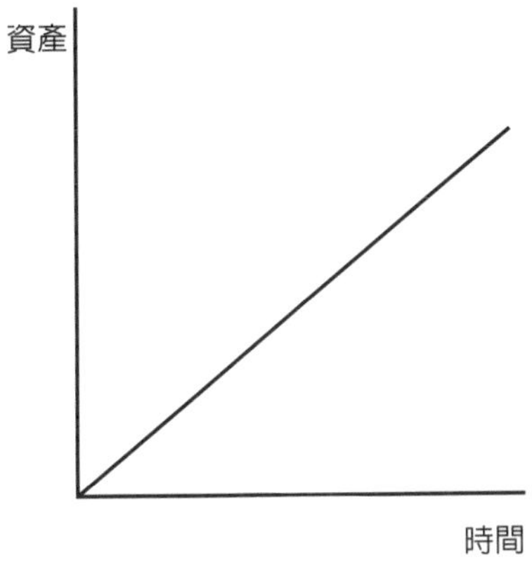

〔B〕金錢就是要如此才能存到

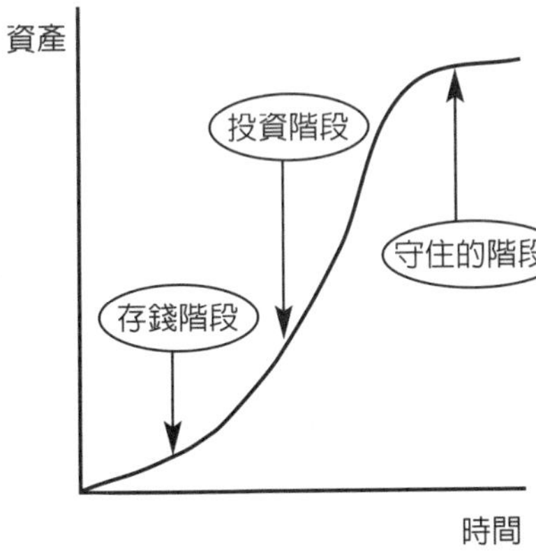

一般人「若要在十年內存到三千萬元，就需要一年存三百萬」。這種概念就是教科書上的概念。不過，觀察富翁的財產形成過程，剛開始財富是逐漸地增加，但在一瞬間卻又是大幅度地增加。也就是說，圖〔B〕的上升部分就是存款的階段，而以很快的速度往上升的部分，則是投資所獲得的效果。因此財產上升一個階段的時機，就在於投資基金跟機會搭配妥當才能夠達到的。

就算你現在有投資基金，但機會未到，先不要衝動，一定要忍下來，這就是存到千萬元富翁的共同建議。先具備好投資基金，等機會一來，就一定要好好把握，如此才能將自己的財產往上攀升到另一個階段。

投資就是在機會來的時候才能發亮

住在首爾的馬先生，在經過亞洲金融風暴之後，利息一直暴增，馬先生認為機會已經來臨，因此便用自己身上所有的投資基金和退休金，購買了三年期間的定期存款。

雖然有投資股市的念頭，但一向對風險敏感的馬先生怕會有損失，因此還是決定買銀行的存款方案。三年後，馬先生果真拿到原本他投資基金的二倍金額，然後又將這筆錢轉換成隨時都可以領出的MMF(貨幣市場基金)。

就馬先生的例子來看，存款所累積的投資基金，在透過投資後更加擴充財源，而這些投資成功的錢，又再度變成投資基金，等著下一次的機會。

第五階段：讓錢去賺錢。

「賺錢最理想的範本，就是『以錢賺錢的系統』。
只要啓動這個系統，就不需要為了錢而工作。」

第五階段：

讓錢去賺錢。

89

《富爸爸、窮爸爸》作者Robert T. Kiyosaki在書中提到，會參加經濟活動的分別有上班族(Employee)、生意人或專業人士(Self-employed)、事業家(Business Owner)以及投資者(Investor)。

Kiyosaki表示，其中上班族、生意人或專業人士是屬於沒有親自工作就不會產生收入的族群，而事業家和投資者，是就算不用自己親自工作也可以增加收入。因此，爲了要當富爸爸一定得脫離上班族或生意人的領域，立志要當事業家或投資者。

但並不是所有人都可以當事業家或投資者。而且Kiyosaki所居住的美國，上班族就佔了九〇%的比例，但筆者所在的韓國的上班族比例卻只有六〇%，兩者的情況是有一段差距的。

在Kiyosaki的主張中所獲得的啓發，並不是經濟活動的轉換，而是要製造「以錢賺錢的系統」。實際上最理想的賺錢範本，就是「以錢賺錢的系統」。如果這種系統能夠啓動，就不需要爲了錢而工作。

以錢賺錢的例子有很多種，好比利用銀行存款而獲得利息、藉由投資債券每三個月獲得利息、投資大樓來增加月租收入等，這些都是會讓我們賺錢的方法，除了原本投資的基金之外，甚至還可以持續賺取利息。

以阿米巴變形蟲的出芽法來活用金錢

金錢具有二種特徵：第一、金錢是可活用的，第二、水會由上往下流，但金錢的利息卻是由下往上流。

因此，真正的富豪並不會將錢放在同一個地方，錢就是需要不停地尋找好條件及好環境，才能做最有效的利用。將錢放在銀行就是最笨的行爲，應該利用這些錢轉投資利率更高的MMF(貨幣市場基金)才是。

將低利率的商品轉換成高利率，就是最快賺錢的基本不二法則。

單細胞阿米巴變形蟲以「出芽法」的方式繁殖種族。身體的一部分逐漸長

第五階段：

讓錢去賺錢。

大，一瞬間便由一隻分裂成二隻。當然金錢就是要運用阿米巴變形蟲的「出芽法」，才能加快繁殖速度。

「以錢賺錢的方法」不一定要先等到自己的經濟能力變成熟才能執行。為了存投資基金，為了尋找優良的投資者，這些都是為了存千萬元的必備條件。

如果能夠更了解「以錢賺錢的方法」，便能更容易邁向千萬富翁之路了。

第六階段：守住金錢也要懂得分享。

「為了守住金錢，必須嚴守徹底驗證的態度。
分享金錢就是人類最大享受。」

低利率的情形沒有好轉的情況下，很多人都會被高收益的名詞給誘惑。而在這種狀況下，為了守住金錢，最重要的就是增加自己對金錢的知識。

看到比銀行高出二倍利息的廣告，首先要做的就是徹底地驗證。目前(以韓國為例)銀行的定期存款利息大約四%，如果有人提出一○%的利息優惠，需要先問清楚：「為何能支付那麼高的利息?」如果對方的回覆既不明確又無法理解，建議立刻轉頭就走。

住在首爾的崔先生，原本不相信投資三十萬元就能拿到五%的利息，但是聽別人說每個月都會固定拿到五%的高利息，他才心動也想試試看拿出三十萬元來投資，剛開始每個月都有收到一萬五千元的利息，後來崔先生想要賺更多錢又投資了六百五十萬元，但在隔月開始就沒有收到一毛錢，崔先生覺得不對勁，去投資公司詢問時，這時才發現已經有很多人受騙了。

花了三十年的時間，辛辛苦苦存到的財產，卻在一瞬間化為烏有，受到打擊的崔先生開始過著生不如死的生活。如果崔先生對金錢有具備些微的知識，其實就可以很容易看穿這場騙局。

雖然守住金錢很重要，但更重要的是懂得如何分享財富。眞正的富翁很懂得如何分享自己所擁有的財富，無論是在物質上、還是在精神上，都看得到成熟的一面。

籌備獎學金的金先生

住在首爾附近的金先生，目前正在籌備獎學金，金先生有二個上班族兒子，但他們對金先生的計劃並不會反對或是提出意見。

金先生之所以對獎學金有興趣，是因爲他在年輕的時候受過獎學金的幫助很大。金先生秉持著報恩的心態，將自己的富有還給社會，與更多人一起分享。

「你的父母無能不是你的錯，而是你的不幸。」因此金先生也想幫助這些不幸的年輕人，為他們裝上一對翅膀，好讓他們遨翔天空。如果經過這種過程後未來成為富豪，相信他們也都會懂得如何去幫助需要幫助的人。因此很多人都說：「如果我有一天變成富翁，我一定會幫助更多人。」這個世界並不是只有自己一個人孤單過日子，而是要跟大家一起共同分享喜怒哀樂，這樣我們才能變成眞正成熟的人。

第四章

金錢IQ實戰篇

金錢IQ與金融IQ比例

掌握風險與收益的關係。

「定義清楚風險與收益的關係，就是投資的開始。
如果要高收益，相對的就得要接受高風險。」

99

掌握風險與收益的關係。

相信很多人都聽過「High Risk High Return」，意即「風險愈高，收益也會愈高」的意思。這裡的風險指的就是原投資金額的損失。如果有既安全又高收益的投資，一定會受到大家的歡迎，不過，可惜幾乎沒有這種安全性與收益性同時具備的金融商品。

因此，要好好地分析自己能夠接受的風險範圍有多高，同時也要分析自己想得到的收益爲多少。如此分析風險與收益的關係，可以整理出以下圖表：

〔A〕

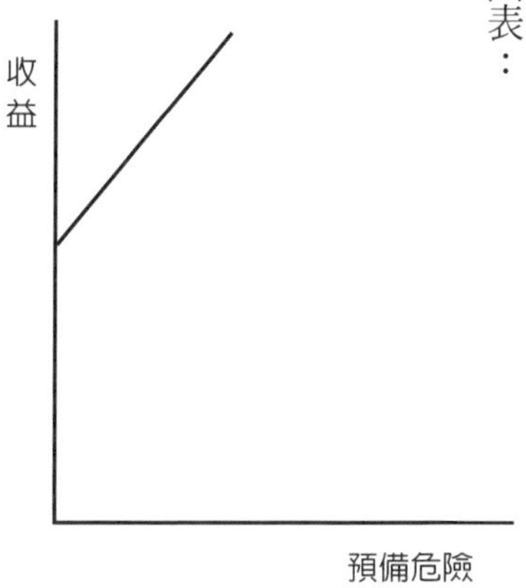

〔B〕

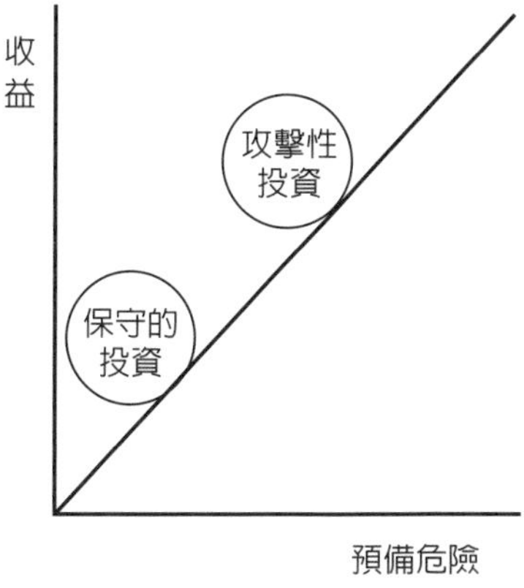

〔C〕

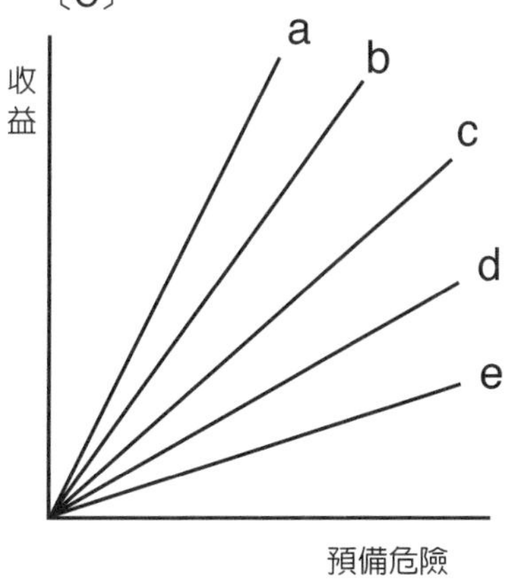

一般人希望的收益模式就是圖表〔A〕，就是在沒有任何風險的情況下，只能期待某種程度的收益，所以風險高，相對地希望收益也就跟著高。

但是實際收益模式就是跟風險相對的圖表〔B〕，在完全沒有風險的情況下，當然也就完全沒有收益。如果將錢偷偷埋在地底下，當然是很安全，可是相對地也就完全沒有收益可言。

因此，減少多少風險可創造出多少收益，就是要參考圖表〔C〕。圖表〔C〕上的a線，風險加一，收益就加三；e線的話，風險加三，收益就只加一而已。

針對所有投資，最需參考的就是圖表〔C〕的a線。要在風險性較低，能夠獲得收益的比率高的時候進行投資。而在收益很低風險比率很高的時候，就要考慮別投資。

101 掌握風險與收益的關係。

「High Risk High Return」的代表環境就非股市莫屬了。基本上投資股市會根據投資者挑選到的類股別表現出不同的收益，但還有會帶有一些損失的風險，因此這類的投資者往往被稱爲攻擊性投資者。

反而「Low Risk Low Return」的代表就是具有國家保證的國債。這種國債在沒有亡國的前提下是可以拿到利息的。接下來就是銀行方案，銀行的固定利息方案，也是只要銀行不倒閉，就能持續拿到利息。就算銀行倒閉，根據韓國存款者保護法規定，在一百五十萬以下就可以獲得保障。因此，在韓國喜歡此類的投資者，大家都稱之爲「保守派投資者」。

投資前必須要先了解清楚風險性會有多高，但如果太刻意的話，也有可能會失去投資的機會，因此爲了創造收益，小小的風險是有必要接受的。

跟上潮流，才能存到千萬元。

「金錢必須要跟上時代潮流。
能夠看懂潮流的眼光會讓你變成三千萬富翁。」

103

跟上潮流，才能存到千萬元。

西元一六六七年在荷蘭非常流行投資鬱金香，過度的投資達到最高峰的時候，一朵鬱金香的價錢要五千二百荷幣(Gulden)，而那時木工的一年收入只有二百五十荷幣，等於木工要花上二十年收入才買得起一朵鬱金香。(附註：當時荷幣比台幣約一比十八，一朵鬱金香就要九萬多塊台幣！)結果沒有人敢再繼續投資鬱金香，聰明的人立刻就將鬱金香賣掉脫離危險期，之後一朵鬱金香的價格便狂跌到五十荷幣的水準。

西元一八四八年在美國有位叫做馬沙(Marshal)的木工，偶然間發現黃金，引起了淘金潮。當時加州人口共有一萬四千人，四年後增加到二十二萬人，但是在這種情況下，賺到錢的不是挖黃金的，而是賣牛仔褲或賣採礦道具給礦工的商人。

在韓國也曾有一陣子很流行投資古董或美術品，不動產也流行過，如土地、商店街、套房等，每次流行都不太一樣。這種情況在股市中也常看得到，根據時代潮流較受歡迎的類股也會隨之變遷。很會看時代潮流的人，往往都會比其他人先下手投資，而獲得相當大的利潤。每次較晚跟上潮流的人，所能獲得的利潤當然也就不會很多。因此現代人非常需要能夠了解時代潮流的先見之明。

對景氣跟潮流敏感就能賺錢

聽說韓國跟日本有十年的文化差異，因此每次日本所流行的商品，十年後都會在韓國造成一陣流行。但最近由於網路日益發達，這差異已經縮減到三至五年的時間了。

韓國H保險出身的蔡先生，因從日本引進來的大頭貼而賺到不少錢。蔡先生在東京的鬧區第一次看到這種大頭貼，每一個街頭到處都看得到大頭貼機器，剛開始蔡先生也很好奇，因此注意看附近女學生投入大頭貼機器的模樣，那時候蔡先生深深認爲這種大頭貼機器在韓國也會引起一陣騷動。

不過，那時候蔡先生覺得時機還不是很成熟，需要一段時間再稍微觀察市場。過了三年，在韓國也有人透過很多管道得知有關大頭貼機器的消息，這時蔡先生覺得時機已經到了，因此立刻購買機器投入這市場，獲得不少收益。

蔡先生在這事業上成功的主要原因，首先是自己本身已經充分了解大頭貼市場的存在，也了解日本跟韓國之間的流行時間差異，最重要的是能夠抓住良好的投資時機。

因此，能夠事先了解時代的潮流就是邁向千萬富翁的最快捷徑。

需要從信用管理的知識開始學起。

「富翁當中絕對不會有信用不良的人。自己的信用需要自己去營造。」

現今社會是非常重視「信用」的社會，因此妥善管理自己的信用，才能獲得金融機關良好的條件提供。爲了能夠管理好自己的信用，首先就必須要了解個人的信用是如何被評價的。個人的信用可分爲五種：

第一種就是「信用不良與否」。如果是已被登記成信用不良者，這個人的信用就非常不好，因此沒有人會願意把錢借給這個人。

第二種就是「是否有信用不良的紀錄」。就算信用不良的人最後有還清債務，但在一定的期間內還是會留下這個不良紀錄，因此現在雖然已經不是信用不良的人，但只要信用不良的紀錄存在著，就會被看成是信用不好的人。也因此會有很多人不願意把錢借給這樣的人。

第三種就是「過期與否」。債務是還清了，但若沒有在時間內償還，像這種人也算是信用不好的人。有的人會把錢借給你，但相對地一定也會跟你收高利息。

第四種就是「個人擁有的財產」。如果在銀行貸過款的人一定知道，通常都會被問到每年繳多少稅，或是車子的型號跟種類等等，如果擁有的財產很多，金融機關就會判定你是有較高償還能力的人。

第五種就是「年收入」。對一般上班族而言，每年都會拿到扣繳憑單，只要看到這張扣繳憑單就可以知道去年一年賺了多少錢，就跟財產一樣，如果年收入愈高信用也就會愈高。

如何管理我的信用

無論如何，信用管理的第一要件，就是不能成爲信用不良的人。如果變成信用不良的人或是不良的紀錄還在，任何一家金融機關都不會願意貸款給你的。換個立場想，當然沒有人會願意把錢借給不會償還的人。

第二要件就是不能跳票。針對信用不良者的相關消息，常常在媒體上都提到過，因此有很多人已經了解到跳票的嚴重性。但到目前爲止還是有很多人對於跳票的問題不認爲是很嚴重的事，但是只要你跳票一次，就會被記錄在金融機關的檔案中，之後當你要找金融機關申請貸款時，一定會遇到很多困難。

第三，爲了比較貸款條件，不要在網路上申請線上貸款。申請網路貸款時，滑鼠按幾次就可以申請到貸款，如果貸款條件不滿意就立刻取消，但是收到貸款申請的金融機關，就會查詢申請人的信用情報，申請人的查詢資料將會累積到信用情報網中。

根據在銀行負責貸款業務的員工透露，查詢件數較多的人比較容易被銀行懷疑，因此銀行也會比較仔細地檢查其個人資料。當然這些查詢情報，對自己的信用評價上是不會有任何幫助的。因此在貸款前，最好事先比較每家銀行的貸款條件，挑選出對自己最適合的貸款條件後，再正式提出貸款的申請比較好。

沒有人可以替自己走完人生，相對的，自己的信用也應該由你自己好好守住才是。

利息知識會增加你口袋裡的錢。

「所有投資中心都有利息產生。根據利息的動向，決定是否要變更路線。」

利息知識

會增加你口袋裡的錢。

111

中央銀行定下基本利息後，其他銀行也按照其基本利息定下存款利息及貸款利息。在如此規定的利息下，與股市、不動產、景氣有較密切的關係，而能夠分析這多樣的關係，才能建立出成功的投資行爲。

基本上利息上升的話，消費心理跟投資心理就會減弱，存款也就會跟著增加，同時也會因爲利息負擔增加的關係，而減少貸款的行爲。如果利息下降，消費心理跟投資心理就會恢復，因而減少存款，利息負擔減少，貸款行爲也會隨之增加。也因此就能夠期待恢復景氣。

與利息相關的所有情報

基本上利息跟股價是呈現反比的關係。也就是說，利息上升股價就會下降，而利息下降股價就會上升的意思。韓國自從金融風暴後利息曾上升到三〇%，股價指數就下滑到二百七十七點，就當時的情況來說，若原本就有在銀行存款，就可以拿到利息，也不需要刻意去投資股市。隨後利息下降了一〇%，這時就有很多人會拿錢投資股市，結果股價指數就攀升到一千零六十六點。

利息的下降會關係到企業的利息費用減少，會幫助到企業的業績，而個別股價對該企業的業績衝擊是最大的，當然股價也就會跟著上升。

利息下降也可能會連帶提升不動產的價格，這是因爲那些不以低利息爲滿足的資金一直在尋找投資對象的關係。這時如果股市情況良好，很多資金就會流到股市，但如果連股市情況也不好，這些流動資金就會移往不動產市場。

比國民所得上升更快的不動產價格，往往較容易泡沫化。如果有一天泡沫消失，那就會影響到國家經濟。一九八〇年泡沫經濟的緣故，痛苦二十年的日本，在東京中心地區住家地域的土地價位，跟一九八〇年相比下降了許多。

不動產價格上升，投資基金自然都會轉移到不動產，而在銀行存款的資金也會跟著流出去。爲了補充因此流出去的資金，銀行就會提高利息，因此不動產價格上升，利息也會跟著上升。

113 利息知識會增加你口袋裡的錢。

接下來是利息跟景氣關係，利息下降的話，每個企業就會以貸款的方式投資加蓋工廠或購買機器。設備的投資會增加僱用需求，也會帶動其他產業，當然景氣也就會跟著好轉。相對地利息上升，企業就比較不會積極地投資，因此對整個景氣方面也就不會有太大的幫助。

爲了拯救景氣，最重要的就是利息下降，但不能漫無計畫地調降利息，如果利息過度降低，就會減少存款，導致消費的心理產生，甚至會影響到物價。

就我個人接觸到的千萬元富豪，大多都是懂這些利息知識的人。

千萬富翁對數字很敏感。

「每一位富翁都具備很強的數字概念。最好成為Excel程式高手。」

115 千萬富翁對數字很敏感。

金錢，一般會被形容是放在被尖銳物品刺破的口袋裡，有去無回，所以金錢是需要好好控管及監視的。爲了控管好這容易流失的金錢，就需要具備對數字方面的分析能力。

眞正的富翁對收入跟支出往往會做詳細的紀錄，也懂得如何管理這份紀錄，對手邊進出流動的金錢規模都相當有把握。

這些富翁至少每季做一次資產總表，之所以這麼辛苦地製作，主要是因爲就算頭腦再怎麼聰明，也不可能都記得住所有的數字。

而且這些富翁在決定一件事情的時候，往往也懂得利用算式，冷靜地分析這個決定會帶來好處或是壞處。因此千萬富翁都具備良好的數字概念。

在邁向富翁的過程中，我們不難發現「算式」的重要性。簡單的「算式」可以靠計算機計算出來，但是複雜的「算式」就需要利用電腦。以前的富翁跟現在的富翁最大不同的地方，就是現在的富翁會使用電腦。

爲了管理金錢，就一定要學會使用「Excel程式」。如果用計算機計算出利息五%至一〇%的各種狀況數字，會需要花費相當多的時間。但如果是利用

「Excel程式」多樣的功能，對收益的增加或資產的變動趨勢就更加容易算出。因此想要學習這些富翁的「Know-How」，最好變成「Excel」程式的高手。

Excel是邁向富翁之路最有用的工具

舉個學會利用Excel後眞正減少損失的例子與各位分享。六年前李先生有了「退休金中間精算」的機會(意指尚未退休的員工有機會於在職期間先提領一次部分退休金)，而身旁大部分同事也都申請了中間精算領了退休金。在剛發生金融風暴的當時，正處於利息從二〇%飆到三〇%的「超高利息時代」，因此很多人判斷若以退休金來產生利息的話，應該能獲得一筆可觀的收入。但是李先生沒有申請「退休金中間精算」，這時作爲李先生決定性參考資料的就是「Excel」。如果拿退休金去銀行存款，剛開始的利息是高利息，但是李先生判斷未來利息一定會降到以前的水平一〇%(結果利息比李先生預想的數字還低)。而且退休金都是按照「一年平均薪資」來計算的，如果升官的話一定會有更大的利益，況且當時李先生在職的公司是採用退休金累積制。

於是李先生便利用Excel程式計算未來二十年後的利息變動以及退休金變動，設想未來自己的職位變動或加薪等的各種可能狀況來實際驗算。而試算的結果是不進行中間精算對李先生會比較划算。

有些富翁說，如果想要成爲富翁就要比別人更早下決定，比別人更早行動。而爲了能比別人先決定、早行動，最重要的就是對數字及算式的分析能力。

千萬富翁很了解不動產的知識。

「在韓國，賺錢的第一捷徑就是投資不動產。但是若沒有具備不動產知識，不見得就能賺到錢。」

千萬富翁很了解不動產的知識。

119

很多人認爲投資不動產會需要龐大資金，但實際上不動產並無限制於僅在購買土地、房子以及店面。

不動產投資就該從購買屬於自己的房子開始。根據白手起家的富翁經驗來看，沒有屬於自己的房子時是最令人不安的。因此大部分的人努力賺到一筆錢後，第一件事情就是買房子。在這情況下購置的房子，也會帶來很多增加資產的機會。

在投資不動產時，最重要的就是如何判斷哪些才是能夠賺錢的不動產。爲了加強自己的判斷能力，就需要多接觸跟不動產有關的相關資料，藉此加強這方面的知識。這時最重要的關鍵，就在於你的勤勞程度。購置不動產的話，一定要自己親自去看，也需要仔細地觀察。

接著需要去深入了解的，就是如何利用金融機關購置不動產。有些人購置的所有不動產都是用自己口袋裡掏出來的錢購買的，但有些人卻是會利用銀行的貸款來購買。如果要貸款買房子，就必須先確認自己的償還能力範圍，再來決定是否要申請貸款。如果你預估未來利息會有上升機會，那就以固定利息來申請貸款，若是預估未來利息會調降的話，那就建議以變動利息來申請貸款可能會比較好。

再來就是需要精通不動產相關法律。實際上一般富翁都對不動產相關法律有一定的知識，購置不動產後需要繳多少稅金、出售不動產時又需要繳多少稅金等等，這些都是必須事前了解的。

投資不動產，從購買自己的房子開始

住在漢城的許先生是一位白手起家的富豪，年輕時就從鄉下來到漢城，辛辛苦苦賺了一筆錢後，第一件事情就是添購屬於自己的房子。

許先生買了在漢城附近的房子，這棟房子剛好在一九七〇年代因當時盛行的不動產潮流而獲得了十倍以上的收益。之後許先生便對不動產產生非常大的興

121 千萬富翁很了解不動產的知識。

趣，只要有一筆錢就會去購置土地、大樓等持續不動產的投資。

而最近正好韓國政府發布金浦地區爲未來的新都市，許先生判斷如果未來實行週休二日制度的話，此地區一定會帶給他相當大的收益。因此經過判斷分析之後，便買下此地區的不動產。

許先生所想的投資不動產就是「需要親自勘查驗證的投資」。許先生買過很多土地，不管哪個地區，沒有一塊土地不是自己親自去勘查購置。

因此，大部分的富翁投資不動產皆是從購買自己的房子開始；也就是說，沒有一個富翁是沒有買自己的房子就直接投資不動產的。

千萬富翁精通股市知識。

「當不動產的競爭激烈時，倒是可以投資股市。需要鍛鍊自己在適當時機買賣股票的技巧。」

在低利息時代，除了不動產跟股市之外，沒有什麼是值得投資的。因此具備股市的知識格外顯得重要。如何成功投資股市，其實很簡單，將「好股票」在適當的時機賣出去，就是能夠成功投資股市的方法。而如何挑選「好股票」，則是以基本的分析便能看得出來。至於如何在適當的時機買賣股票，便是以技術的分析來決定的。

基本的分析分爲企業的安定性、收益性以及成長性，就是以這三項來挑選出優良股票。

千萬富翁在挑選投資股票的時候，顧慮最多的就是安定性。所謂安定性的股票，就是指負債償還幾乎都沒有問題的意思。如此有保障的安定性，才能渡過像金融風暴的危機。

在投資股市時，可能需要忍耐股價一時小幅下降的情況，但是如果會影響到公司的存亡，就很可能會落入無法恢復的地步，甚至發生跳票問題，那麼一切就萬事休矣。

安定性的代表指標有流動比率、負債比率以及固定比率。大部分的富翁都會透過以上的數值，來進行已被驗證屬於安定性的股票買賣。

當然除了安定性之外，也需要注意收益性。被驗證具有安定性的公司，若是符合收益性，這對投資者而言，將會是最好的投資對象。

富翁對買賣時機相當敏感

將過一番分析選定類股後，接下來就是決定買賣的時機。如何決定買賣的時機，主要就得靠技術的分析。

一般會以股價動向圖來進行技術的分析，在圖表上看得到當天的股價、交易量以及預測心理線等等。千萬富翁第一時間掌握的就是股市的趨勢。最好是在股市開始攀升時進行買賣，整體下降時富翁大多都會暫時觀望。

如何分辨整體趨勢，大部分的人都會參考移動平均線。經由如此掌握趨勢後，再利用多種指標來進行分析。

有一位鄭博士富豪，就只挑選一個項目來進行買賣。根據鄭博士的分析，三星電子的安定性、收益性以及成長性皆有相當高的肯定，買賣時機也都會參考包絡(Envelope)指標(指一種股市高低點預測系統所預測未來的指標)，從去年開始累積收益率就高達六〇%。

鄭博士表示，投資股市最重要的地方，就是如何將最好的股票在最適當的時機進行買賣。

千萬富翁精通稅金知識。

「對稅金架構多了解一些，就能晉升成為富翁的行列。
靠自己的稅金知識守住自己的財產。」

127

稅金可分爲繳給國家的國稅，以及繳給地方政府的地方稅。而國稅又可分爲國內稅、關稅以及營業稅。地方稅則可分爲普通稅及目的稅。其中我們要關心的部分就是利用金融機關時所繳的稅金、上班族每年報稅時所產生的所得稅、移轉以及贈與稅。

以韓國爲例，假設銀行的定期存款利息爲四%，存一百萬元可以拿到四萬元利息，那麼這四萬元都是你的收入嗎?當然不會全部都是你的收入。因爲拿到利息前需要扣除一五%的所得稅跟「Residents' tax」(所得稅的一〇%)，因此你能拿到的利息並非是四萬元，而是扣除一六・五%稅金後的三萬三千四百元。所以大部分的富翁建議，挑選銀行定期存款時，必須要確認清楚哪些方案是不需要繳稅或哪些方案是可退稅的。

跟不動產有關的稅金，可分爲取得不動產時、擁有時以及過戶時所產生的稅金。取得不動產時所繳的稅金又分取得稅、登記稅、農漁村特別稅、教育稅以及印花稅。而擁有時所繳的稅金分爲財產稅、綜合土地稅等，最後過戶時則需要繳納移轉所得稅。

大部分的富翁都很討厭遺產稅以及贈與稅。

其實很多富翁最關心的部分就是遺產稅以及贈與稅。「怎樣才能繳最低的稅金?」富翁每天都在研究這種問題，不過，有些富翁卻認爲，政府規定的遺產稅以及贈與稅是需要遵守的，透過如此的制度才能緩和貧富差距。

如果不需要繳該繳的稅金，就可以增加你的財產，不過，不遵守國家規定繳納稅金的話，可是會觸犯逃漏稅的刑責。因此懂得在法律範圍內發揮減稅的智慧是相當重要的。

一位韓國大企業的協理張先生，手上擁有三棟房子，除了目前居住的木洞公寓之外，在傍菲洞跟敦安洞都各有一棟房子。其中敦安洞的房子是很久以前購置的，因此跟現在的時價相差了三百萬韓幣之多。而傍菲洞的公寓是前不久才剛買的，所以沒有太大的時價差異。

有一天，張先生急著需要現金，所以決定變賣一棟房子。就擁有三棟房子以上的張先生來說，考量到會以實際交易價來課稅的問題，爲了減少稅金，便想要賣掉傍菲洞的房子。但後來張先生又研究很久，傍菲洞房子比敦安洞房子在市價調漲機率上較爲優勢，因此經過多次的思考後，張先生決定賣掉敦安洞上的房子。

張先生不是只單純爲了減稅，也考量到未來會帶給他的更大可能利益，才做出這樣的決定，這也是大部分的富翁所擁有對稅金的知識。

千萬富翁法律知識很強。

「若是你到現在還沒脫離沒錢就是有罪的概念的話，那麼你就是窮光蛋。就富翁的觀念來說，法律是保護自己財產非常有用的工具。」

一般人都覺得法律是一種很嚴肅、會令人害怕的領域，但法律眞正的意義卻是爲了整頓世界、保護個人「財產」而存在的。對富翁而言，法律就是保護自己財產權的恩人。

首先需要了解學習的法律，就是存款人保護法。存款人保護法主要是在金融機關面臨到破產等緣故，無法歸還存款金時，爲了保護存款人所定的法律規章。不過，不見得所有的儲蓄方案都會被保護。因此在挑選金融方案時，也必須要確認此方案是否有保障。

負債也會繼承

有一個有錢的父親，還能繼承他的龐大財產，這是多麼令人高興的一件事啊。不過，要是有個負債累累的父親，當然就得繼承他龐大的負債壓力，自然就沒有任何事比這更悲慘了。

好比說父親有很多負債，兒子、孫子就得幫他還債。但爲了防止如此不合理的情況發生，法律有規定二種制度，一是「放棄繼承」，另一個則是「限定承認」。意思就是說，繼承人有權利從知道繼承這件事開始三個月內，對繼承財產表示「限定承認」或者是「放棄繼承」。

如果繼承人決定放棄繼承，那麼就會由下個順位的繼承人繼承。同樣地，放棄繼承也會按照繼承排序來決定，因此很難逃掉還債的責任。

在放棄繼承時需要注意的地方是，對繼承財產不得進行處分的行爲。如果有進行處分的行爲，放棄繼承就會視同無效。

就富翁的觀點來看，法律就是保護自己經濟財產最有效的工具。千萬富翁都知道以上的事實。

第五章

金錢IQ完結篇

徹底了解
投資的核心原理

積蓄跟投資是完全不一樣的。

「不能混淆積蓄跟投資的定義。
積蓄是用身體力行，投資是用頭腦決定。」

135 積蓄跟投資是完全不一樣的。

所謂的積蓄，是指在所得中不被支出消費的部分。如果要達到最大的積蓄量，就得增加所得或是減少支出，甚至是兩者雙管齊下才有辦法達成。

這些道理相信很多人都知道，可是這些道理用嘴巴講一講很容易，但實際要行動卻是困難重重。對上班族而言，除了升官或加薪之外，薪資方面不可能會有太大的變化。

因此爲了存錢，絕對不能帶著消費完剩下的錢才拿去存的消極心態，而是應該換個角度，先存款後，剩下的錢才能拿去消費。

相對的，投資是爲了未來能夠得到的收益，而先支出現有的資金。對於未來能夠獲得的收益，往往是屬於變動的範圍，所以有時候會獲得更大的收益，但有時候也會產生損失。

因此，很多作風較爲保守的人只懂得存錢，對投資方面則非常低調。但是擁有千萬元的富翁沒有一個人不是藉由投資才變成大富翁的。每一位富翁都會想：「如何投資才能成功？」這才是他們的重點。

因此，積蓄跟投資的差異就是危險的差異。在既有的金額上，不會發生損失的就是積蓄，而可能會發生損失的就是投資。

積蓄用身體，投資用頭腦

一位崔先生說明自己是如何變成富翁的：第一、不管多辛苦都要繼續存錢；第二、用辛苦存來的錢買自己的房子；第三、擴大自己的房子；第四、在買到自己下半輩子養老的房子之前，都要不斷反覆這些流程；第五、要投資股市就得等到買完自己的房子後，才能開始投資。

崔先生在擴大自己房子的階段，不但沒有裝潢，連窗簾也沒買，家裡除了最需要的東西之外，其他一律都沒買，將所有的消費全集中在買自己的房子這最後的階段。

積蓄跟投資是完全不一樣的。

而崔先生終於在二年前買了四十四坪風景優美的公寓，在此同時，崔先生買房子的階段性任務也畫下了句點。

在崔先生買房子的過程中，第一次買二十四坪公寓後，利用積蓄跟貸款又買了三十三坪大小的公寓，接著又再利用剩餘的積蓄跟貸款，買了現在的四十四坪公寓。

崔先生表示，股價下跌會直接造成明顯損失，但不動產就不一樣。房子房價下跌，當然別處的房價也會跟著一起下降。本來就有計畫要買更大的房子，這時如果房價下跌，坪數更大的房子自然房價也就跌得更厲害了，所以崔先生覺得不動產比玩股票學起來容易得多，而他也已經買到他要的房子，接下來就只要好好投資股市，發揮他所學習到的知識就行了。就經驗而言，積蓄就是以身體來行動，投資則是以頭腦來決定的。

請勿誤解投資跟投機的意義。

「重要的是投資而不是投機。
健康的投資才能賺到健康的錢。」

有很多新手投資者比較容易誤解投資跟投機的概念。不過，擁有千萬以上資產的富豪，就很明確清楚投資跟投機的定義。

投資是爲了未來可能獲得的收益而支出「現在」的資金，但投機則是在支出「未來」的資金。因此很多富豪對投機行爲下了定義，亦即期待偶然機會中會發生收益的極端冒險行爲。

A先生跟B先生同時購買房子，A先生主要是買來自己居住，所以用自己的積蓄加上銀行貸款買下一棟公寓；而B先生則不是買來自己居住的，只是爲了市價的落差，便向銀行申請八〇％的貸款買了一棟公寓。如此的情況，A先生是投資不動產，而B先生則是投機不動產的標準例子。

如果不動產價格下跌，投資不動產的A先生因爲是自己要住的關係，可以繼續等到不動產價格上漲。但是投機不動產的B先生，則會嘗到金融損失及資產價值下跌的虧損。

投資OK，投機NG

爲何鼓勵投資而不是投機，可參考以下圖表分析：

〔A〕投資失敗

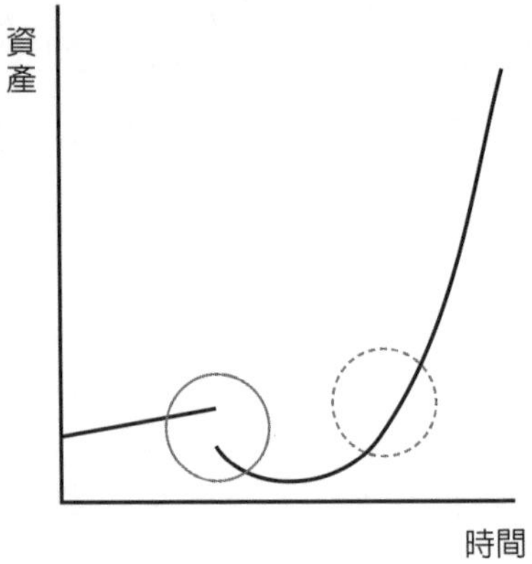

〔B〕投機失敗

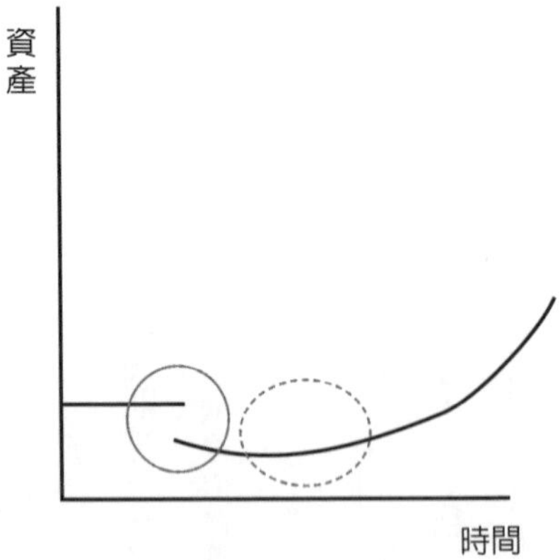

圖〈A〉的情況是投資後失敗的資產變化圖。也就是說，因爲投資失敗的關係，資產落得如此情況，便得再回到儲存資金的階段，等具備資金充足後再度投資，若是順利投資成功的話，資產便有瞬間膨脹的可能空間發生。

圖〈B〉的情況則是投機後失敗的情況。因爲失敗的關係，資產崩盤情形就跟〈A〉的情況一樣，不過，日後的過程這兩種情況卻是完全不同的。圖〈B〉的情況需要花一段時間去償還貸款金，就如同圖表上顯示的一樣，有一段很長的時間都只能停留在原地；這時若是幸運存到投資資金，並投資成功的話，資產就會立刻增加。但跟圖〈A〉比較起來，的確需要花更多的時間才能達成。

很多富翁都會這樣說：「賺三十萬只需要一年，但要償還三十萬卻需要二倍的時間。」

投資是一場徹底的心理戰。

「你了解『走跟大眾不同的路』的意思嗎？
為了實踐，需要明確的主見以及信念。」

有很多變數會影響到投資，其中無法量化的就是人的心理。心理會依個人所面臨的情況或環境呈現出多樣的型態。

但如果聚集了很多人，則會產生「群眾心理」。當一個人的時候，思考、判斷以及行動模式，容易在群眾聚集的地方受到忽略，最後只能盲從。而如此的心理行爲也會影響到投資，有很多人就曾遭遇過這樣的難題。

別人買的時候，我賣出去爲何會感到有損失？而別人賣的時候，我卻買入，又爲何會有不安的感覺？這是因爲沒有堅信自己的判斷、而跟著大眾的意思去投資的一種心理作用。

若是因此而跟大眾一起行動，不但不能獲得更大的收益，反而發生損失的時候會產生更大傷害。

很多人說未來的股市很看好，但實際上股價卻一直下跌，而大家都很悲觀地看股市的時候，竟反而飆漲。

股價就是要有人買才會漲，如果大家都不賣，表示大家都沒有賺錢。同理可證，股票賣出愈多，股價也就自然地跟著下滑了。

相對地，當大家對股市抱持悲觀態度時，大部分的人保有的就不是股票而是錢，所以在沒有充分的買賣進出量的情況下，只要少買入，股價就會大幅漲。這種情況都是從投資者的心理上來判斷的。如何看穿對方的心理，就是贏得這場投資戰爭的祕訣。

帶著平衡的心情去投資

《孫子兵法》有一句名言「知己知彼，百戰百勝」，意指了解敵人，也了解自己，才能獲得勝利的意思。這裡所謂的了解敵人，也就是了解敵人的心理的意思。如果你能夠了解敵人的心理，就能想出很多對策對付敵人。

因此，投資時最重要的條件就是維持平常心。投資也是人類行爲的一種，唯有心理狀態穩定下，才能看到許多優缺點。

光不動產的資產就超過千萬元的某家銀行總經理，投資股市也有二十多年的經驗，由於銀行員特殊身分的關係，沒有過度地投資，不過，還是有把自己資產的一部分拿來投資股市。

他秉持著一個原則：如果家裡發生不愉快的事情，就會將所有的股票都賣掉，不會再進行投資買賣，等家裡的事情處理完平靜下來後，才會再開始投資股市。

我個人認爲這個方法具有相當大的意義。實際上若在心理不平衡的時候進行投資，各方面都會變得相當敏感，也因此失敗的機率就會很高。所以爲了在心理戰上獲得勝利，是需要晶瑩剔透般潔淨的心情。

記住，有時候會賠錢。

「將軍在戰場上有勝利時，但也有戰敗時。
成功的將軍在戰敗時，反而是成長的最大機會。」

147 記住，有時候會賠錢。

在股市上，新手投資者的最大缺點是，只要得到一點點的損失，就說什麼都不會賣掉，也因此開始虧損的股票其損失幅度就會愈來愈多。當自己開始虧損的時候，很多人都不願意接受事實，但投資本來就會有失敗的可能。不過，千萬富翁都很清楚這種情況，他們也都會很坦然地接受這種結果。

股價開始下滑的時候，大部分的投資者都會說「再等等就會漲」這些話來自我安慰。但如果還是持續下跌的話，就會開始鬧脾氣，「損失這麼大，我絕對不會賣掉」，這樣固執的情況下，只會繼續擴大損失。

如果股價一直沒有好轉，很多人都會變成「驚慌」狀態。在這種情況下，如果其他類股也一起跌到谷底的話，投資者就會開始擔心，而爲了避免持續虧損下去，就會急急忙忙地賣出去。

待惡性股逐漸消化後，股價就會開始攀升，這時已經賣出手邊股票的投資者，就只能在一旁乾瞪眼了。

發生虧損時的應對方法

投資後發生資產虧損時，可採取應對的方法分爲兩種：「承認失守」以及「觀望」。

「承認失守」，是股市中大多數人比較容易採取的方法。如果股價跌到買入價以下的話，就直接決定賣出吧。原本預估應該是會上漲才買入的，但是一開始就下跌那就表示你的判斷有誤，所以早點承認自己的失守，爲了判斷下一步開始賣出所有的股票，待重新整理後，再開始重新尋找新的買入時機。

至於「觀望」，這個方法是在不動產投資時最常用的方法。基本上不動產跟股市不太一樣，如果房價一直下跌，根本就不會有交易發生。

有一位投資不動產的李女士，在金融風暴前幾個月，因爲想利用時價差異賺錢，因而一口氣買了五棟公寓，不過，在發生金融風暴後，銀行利息一直不斷向上提高，李女士實在無法同時承受高達三〇%的年利率，因此只好含淚以非常便宜的價格賣掉公寓。

當時韓國的不動產市場一直有向上攀升的趨勢，所以李女士根本就沒有想到會有如此的損失，如果李女士再撐下去的話，不動產價格很可能會回到原來的行情，但是李女士的投資很明顯就是投機，因此只能委屈地接受龐大的損失。

不管是投資還是投機，都會有虧損的可能，最重要的是自己的判斷以及發生問題時的應對方法。

將自己培養成既有耐心又會思考的投資者。

「任何事情都需要耐心跟努力。你的心愈著急，損失就會愈大。」

151

將自己培養成既有耐心又會思考的投資者。

投資時需要注意的，就是如何克制心理上的急躁不安。貪婪會讓人下錯誤的判斷。若能克制自己的貪欲，每個階段都只是基於好玩的心情進行投資的話，成功的機率就會很高。因此在投資世界的最大贏者，就是具備耐心的人。

很多富豪表示，不管是投資不動產還是投資股市，請持續投資你認爲有未來可言的投資物。這句話的意思就是說，不能將重心放在價格上，而是應該放在未來成長的可能性。

根據價值投資者Warren Buffett的投資方法，買入比實際價值更低評價的投資物，不管等待幾年都會持續等待下去，尤其是Warren Buffett每天中午喝的可口可樂的股票，到自己死亡的那天也不會有賣掉的計劃。

不動產的情況也是一樣，不管是短暫的好運還是厄運，不要因價格的起伏產生動搖，具備能夠長期投資的耐心，就是成功的要素。

無論如何，投資是以長遠的眼光來判斷的，不能只是盲目地等著價格攀升，一定要投資有價值的投資。如果沒有豐富的知識，心理的安全感及自信心也會跟著消失，這會讓你更容易犯錯。

我買P品牌豆腐的原因

在價值投資上需要注意的，就是平常保持關心的態度。投資者可以從生活周遭獲得一些創意想法，而爲了驗證這些想法，投入很多時間來研究，也算在投資期間內。

我常常幫太太去買豆腐，太太每次都叮嚀我一定要買P牌的豆腐。在超市裡有很多種豆腐，就是不明白爲何我太太就是指名要買P豆腐？後來我問她，她的回覆很簡單：「因爲P牌的豆腐是用國產黃豆做的豆腐。」

聽到我太太的解釋之後，就到超市一直觀察，果然比別的豆腐稍微貴一點的P豆腐，還是有很多人來買。「哈，雖然價格貴，但還是有很多人買這種豆腐，可以考慮……」然後確認過那家公司的財務報表後，發現該公司的毛利是呈現每年持續正成長的狀態。

153

將自己培養成既有耐心又會思考的投資者。

我買P豆腐股的買入價大約是六百五十元，現在價格已經漲到一千五百元，當然P豆腐的未來股價會有什麼樣的變動，誰也不曉得，不過，我目前並沒有賣出P豆腐股的計劃，現代的人最喜歡無農藥、有機食品，因此我判斷P豆腐的成長可能性一定更高。

生活上突發奇想的創意，就是發掘有價投資物最好的尋找方法，帶著耐心、繼續保有，就是投資的核心原理。

在價值投資上，收益率不是在賣的時候決定，而是在買的時候就已經決定的。這就是強調買賣時機重要性的一句話。所以在投資的路上，成功的必要條件就是耐心。

如何發掘不錯的投資對象？

「尋找不錯的投資對象，就像是『尋寶』遊戲一樣。
尋找日常生活中被隱藏起來的寶石，不覺得很酷嗎？」

經驗可以分直接經驗跟間接經驗。間接經驗的代表例子有看書。書店內滿滿的書都是我們的老師。

就我觀察過的富翁來看，幾乎每個富翁都很喜歡看書，不喜歡看書的人利用其他間接經驗來裝滿情報的需求。不過，很少人會利用電視來裝滿情報，不是說從電視裡不能得到情報，一樣投資一個鐘頭的時間，電視跟書所帶來的效益是有很大差異的。

針對金錢部分也可以分爲直接經驗及間接經驗。直接經驗指的是到銀行開戶、利用投資信託買入收益證券、投資股市、投資不動產等，而間接經驗指的是在報紙上閱讀有關經濟新聞、到書店看書、去聽理財演講等等，透過這樣的經驗，我們可以更拉近與金錢之間的關係。

如此跟金錢的關係拉近之後，我們便可以看穿金錢的流動。所以當我們知道金錢的移動方向、能夠把握接下來金錢會移動到哪，這就表示我們也可以當個富翁了。

大部分的富翁都說：「不要一味地追求金錢，而是要讓金錢來追你。」剛開始我不太懂這句話的意思，但我現在明白，這句話的意思就是要你先移動到金錢會移動的地方。

良好的投資對象都不易發現

西元一九七四年美國政府爲了處理「自由女神像」維修時所產生的廢物，因而發出了競標公告。當時，紐約市的垃圾規定相當嚴格，也因此沒有人願意回收這些廢物。

聽到這個消息之後，有一位猶太人說要回收這些廢物。那些廢物裡有銅、螺絲、木材等各種不同的物質混在一起，猶太人先將這些廢物作分類。

他把銅塊拿去融化，做成「小自由女神像」，而其他廢物也都利用在其他不同的地方。如此利用再生的「小自由女神像」受到很多人喜愛，銷售量也一直不斷地增加。

結果透過這些廢物再利用的猶太人賺了三百五十萬美金，他購買廢物的價格只不過三百五十美金，結果創出了一萬倍以上的收益。

良好的投資對象，在這種小小的地方上也可以發現得到。而良好的投資對象往往都不太容易發現。如果我們能解決它的神祕性，相信一定會創造出很大的收益。

如何調出需要的資金？

「該如何籌出需要的資金？
這方法會分辨出富翁跟窮光蛋。」

最聰明的方法，就是盡量不要產生負債行爲。不過，有時在逼不得已的情況下就得向人借錢。但如果眞的要借錢，就不要隨便找對象借錢，一定要先仔細研究後，再去借，會比較好。

這時需要考量的就是擔保與否。對金融機關而言，在沒有任何擔保的情況下借錢給人，會是一種風險，所以往往會要求較高的利息。因此可以的話，建議申請擔保貸款會比較有利。

而申請擔保貸款時，需要提供多樣的資料，也需要跟金融機關人員商談。如果這些動作讓你覺得很麻煩，因而直接申請信用貸款，這樣你就沒有資格當富翁了。

接下來是選定金融機關，可以的話利用銀行比較有利。因爲銀行的貸款利率比其他金融機關低很多。其中又以大型銀行的利率最低。

首先利用銀行籌備需要的資金，如果有困難，再找保險公司幫忙也可以。最近保險公司的貸款利息也跟銀行一樣低，因此又多了一個管道可以選擇。

貸款利率比較一覽表

有擔保時		無擔保時	
區分	貸款年利率	區分	貸款年利率
銀行、保險	5～7%	銀行備用戶頭 銀行、保險 分期付款金融	10～14% 10～15% 13～17%
存款銀行	12～17%	信用卡 存款銀行 高利貸	17～30% 17～60% 60%以上

以2003年韓國各貸款機構利率為例

比信用卡優先利用備用戶頭

急著需要錢時，第一想起的就是信用卡的預借現金。如果這時候有備用戶頭的話，就很有用。在你常使用的銀行申請一個備用戶頭，當然沒有花費也就不需要支付利息。在使用期間內計算利息，其利息跟信用卡比起來會便宜很多。

撥出資金時必須要了解的是，無論在多緊急的情況下，也絕不利用高利貸。往往在你找上高利貸的那一瞬間，就開始陷入無法掙脫的陷阱裡了。

某家銀行的K副理，投資失利後找上高利貸業者借錢，眼看時間過去，還是無法償還高利貸的借款。於是高利貸業者便派人前來討債，不只是K副理，連同K副理的太太跟兒子也都受到威嚇。眼睜睜看著事情發展至此，K副理只好選擇自殺，在山上喝了農藥後，幸好被路過的人發現救了一命。

根據千萬資產家的分析，籌備需要的資金時，同時也看得出什麼樣的人能夠成爲富翁，而哪些人還是得繼續過著窮光蛋的生活。

設定賣出及買入的時間。

「對投資而言，
最重要的就是適當的時機。」

163 設定賣出及買入的時間。

大家都在猶豫不決時，是最適當的買入時機，而當大家都在一窩蜂跟進時，則是最適當的賣出時機。

對投資而言，最重要的就是適當的時機，相信這句話很多人都認同，尤其是投資股市，適當的時機等於是藝術。

股價一直重覆著上升跟下跌，所以根據買入及賣出的時機是會影響到收益率，不過抓住適當的時機並不是件容易的事。

就股市而言，最適當的買入時機就是股價跌到谷底的時候。大部分的投資者遇到股價開始下跌時會感到害怕，往往也容易錯過投資機會，這樣只會失去最佳的買入時機。

接下來交易量從谷底開始向上攀升時，也就是最佳的買入時機。交易量增加表示買入趨勢湧入的意思。而在報紙第一面頭條新聞中看到「股價大跌」、「股市無法恢復」等這種消息時，也算是最佳的買入時機。像這個時候新手投資者都會害怕，但重量級的富翁卻認爲這會是機會。

不動產市場最重要的也是時機

不動產的買入時機，就是不動產交易幾乎中斷的時候。交易中斷的話，會增加緊急賣出的人潮，而各不動產公司都會囤積賣物。在購買不動產少、而賣出的人多的情況下，這個時候當然就會由買家主導價格，也因此這個時機也算是能以便宜價格買下不動產的大好時機。

接著，若是在報紙的不動產欄上看到刊載著「公寓房價停止下跌」、「公寓價格下降回穩」等字樣，那就表示最佳時機就快來臨。

賣出的時機，可以觀察報紙、電視的消息。在報紙上看到「不動產價格攀升」、「公寓價格上漲」等報導字樣時，賣不動產的人反應就會很敏感，而大部分的富翁也都會利用這個時機當作賣出的最佳時機，如果錯過這次的機會，可能還要等很久才會再有這樣的機會了。

經營客運公司的金社長在發生信用卡問題時，投資了S信用卡債，當時S信用卡債的發行條件爲年收益率九％、屆滿五年，光看收益率就比定期存款高出二倍的收益。且如果S信用卡屆滿前順利上櫃上市的話，就不需要其他的流程，便可以轉換成股票。

當然這些條件中還是有不利的地方，但金社長認爲，雖然這只是間小小的信用卡公司，但是S信用卡就是S大集團旗下的子公司，所以就算發生倒閉的情況，母公司S大集團一定不會束手旁觀，因此決定買下S信用卡債。

就目前而言，可以說是成功的投資，但因爲尚未屆滿，所以我們可以持續的觀察。

第六章

金錢EQ基礎篇

讓金錢自動來找你的九種態度

需要明確的人生目標及哲學。

「請觀察人生目標和營運哲學是否已建立。
如果這些都已經確保，你就可以成為一位富豪。」

169 需要明確的人生目標及哲學。

如何賺錢？先從訂定自己的人生目標開始。小時候上學，只是單純地將目標設定為「用功讀書」和「這個學期期中考的目標為前十名」。目標不同，當然帶出的結果也就不同。

每個人都有自己的人生目標，若尚未設定人生目標的話，就請先思考看看。當然這個目標會依個人的年紀以及環境而有所差異。

已經設定好自己目標的人，以及尚未設定自己目標的人，會有很大的差異。如果已設定好自己人生目標的人，為了達成目標，會提早佈局好細節。也因此，有目標的人在途中多累、多辛苦，也會懂得克服，對目標達成後的人生有著很大的期待，因此不管多大的困難都可以忍受。

相對地，如果是沒有目標的人，每天都過著沒有意義的生活，一旦中途遇到困難，很快就會選擇放棄，這就表示自己毫無動力。

目標需要很明確的設定，如果自己對自己的目標堅定，達成的可能性也就會很高。

四十年前美國哈佛大學曾針對在學學生進行了問卷調查：「你是否有明確的

目標？」只有三%的學生回答「是」。而在二十年後，針對當時回覆問卷的那些人再度進行調查，調查結果其三%的學生的財產比九七%的學生更多。

正確的人生哲學

正確的個人人生哲學也很重要。說到哲學會讓人聽起來很嚴肅，其實自我思考「我要過這種人生」就是對人生的哲學。

如果沒有對的人生哲學，就算你賺到再多錢，也很快就會變成窮光蛋。光靠拳頭賺了一百億元的Tyson，最近面臨到破產的危機，Tyson的財產管理人對外發布「Tyson的債務已超過財產」、「已向法院提出破產申請」。光靠拳頭賺到的一百億元，也無法承受奢華與浪費。Tyson真正需要的不是錢，而是明確的人生目標及哲學。

171

需要明確的人生目標及哲學。

對你喜愛的事物賭上你的全部。

「對你真正喜歡的事物賭上你的全部。
這就是擁有全世界的方法。」

在一定的時間內提供勞動來獲得代價，這就是職場的定義。少了早上賴床的樂趣，心情不好時，想去旅行的自由都被束縛，甚至有時候連休假時間都奉獻給公司。

最近工作不好找，要想找到適合自己的工作也是一件很難的事情。筆者在二十年前準備找工作時，也沒有多少人找到適合自己的工作。

當時很多畢業生的職場第一考量，就是薪資的高低，或是較容易升官、工作環境不錯的地方等，也是考量要素之一。

但是隨著時間經過才慢慢領悟到，這樣選擇職場是多麼愚蠢的事情。只單純以薪資的多寡、較容易升官的理由來選擇職場，如果那份工作內容跟你非常不適合，那麼工作起來一定相當痛苦。

能夠將自己眞正喜歡的事情，當作自己的職業，就算你中樂透或是意外得到一筆財產，你也不會想放棄你的工作。

最短時間內變成富翁的方法

若能這樣做自己喜歡的工作，很快就會變成富翁。

第一個原因，別人可以工作二十四小時，但你卻可以工作四十八小時。如果做自己喜歡的工作，時間是怎麼過去的都不知道。對工作感興趣的人，甚至熬夜也不會感到累，如此認眞工作，當然結果就會令人刮目相看。

第二、在工作中會發想多樣的創意，這會促進你的財富累積，就算做同樣的事情，也可以做各式各樣不同的發想。而那些不想工作卻又不得不工作的人會說「就這樣打發時間就好」，喜歡工作的人則會說「如果這樣作的話會更好」，就這樣發想出更多想法，這種想法往往不會一次就結束，而是會不斷地發想出更多的創意，成爲成功達到目標的捷徑。

第三、滿臉都有幸福的微笑。做自己喜歡的事情會讓你感到高興，滿臉充滿

175

對你喜愛的事物 賭上你的全部。

「幸福」兩個字，能夠這樣帶著微笑做事，金錢自然就會找上你。

我們在做生意的時候，帶著充滿幸福的心去接待客人，或是像機器一樣冷淡地接待客人，對客人而言，都會有敏感的反應。從我們的臉上看到幸福，當然下次就會再度光臨；如果接收到幸福感，就會變成常客。

渴望的事情一定會實現。

「渴望、渴望、真正渴望。
這樣你的千萬美夢一定會實現。」

177 渴望的事情一定會實現。

巴西有位小說家Paulo Coelho，在自己的小說《煉金術師》裡提到：「在這個世上有一個很偉大的眞實，如果你眞正渴望，就一定會實現。」

渴望，渴望我的願望，渴望達成三千萬元的願望，還有自己對自己的承諾：「我可以，我可以，我可以的！」然後想想看你的願望達成後的生活。

三千萬元雖然不是能夠讓你得到全世界，但卻可以讓你實現夢想。只要有這些錢，馬上就能變成自己人生中的主角。想想看自己主演的電影，多令你心動、刺激？千萬富翁都是渴望自己願望實現的人。

─將所有的重心放在目標上─

如果能如此渴望，就可以催眠自己，也能有信心，這樣的信心就可以用行動來表現。

在半信半疑的時候，行動也會跟著變慢；但只要帶著信心，行動也會跟著加快。而且所有的生活都會跟著願望一起行動。

有些富翁在存錢的過程中，還會把自己的目標跟計劃細節寫在錢包裡，所以每次從錢包裡掏出錢的時候，都會看到那一張紙條，接著問自己：「我真的要花掉這些錢嗎？」

如果能這樣想的話，很多方面都會慢慢改變。好比說早上會賴床的人心裡一想到：「為了要存到三千萬，一定要讓自己變得勤勞點，明天開始提早一個小時上班。」去公司後，便會帶著很開朗的心情處理自己的工作，每天加班加到最晚下班。

只要將你的三千萬目標設定清楚，認真學習投資的方法，當然也要思考如何將自己的身價提高。這樣你就會發現自己能夠表現好的部分，去補習班學英文，買理財的書來閱讀，還有所有的行動計劃都搭配「存三千萬元」的計劃，不符合自己願望的都要徹底移除。好比原本想要買套很貴的西裝，一瞬間就會轉換想法到大賣場添購。

179 渴望的事情一定會實現。

東奔西跑大聲喊「我可以，我能做得到」的模樣，會讓我們感覺到「若是誠懇的渴望，就一定會實現」。

享受賺錢。

「宣揚賺錢是人生最大的享受。
開心賺到的錢會讓你成為富翁。」

181 享受賺錢。

自學校畢業後踏入社會開始，我們就有了收入。用這賺到的錢來買米、買衣服、存錢，就這樣你富含主題的人生就要開始了。自己能開始賺錢當然很幸福，所以第一次領到薪水的時候，就會想要買衣服給父母或請朋友吃飯，開始享受賺錢的樂趣。

那麼，賺錢的人都能存到錢嗎？當然不是，有的人會賺到錢，而有的人卻沒辦法賺到錢。一賺到錢就消費的人當然不會存到錢，省著點用的人則一定能存到錢。

爲了存錢，最好的方法就是享受賺錢。基本上，人在做自己最享受的事情時，往往都能感到快感。例如，喜歡打高爾夫球的人，看到綠色的草地也會跟著興奮起來；喜歡釣魚的人，爲了隨時享受釣魚的樂趣，會將自己的釣魚道具放在後車箱。

會享受賺錢的人，雖然賺錢很辛苦，但一看到自己的存摺，就會忘記所有辛苦的過程，也會想要如何繼續在這存摺上存到更多錢。

幸福的存摺、自由的存摺

在醫院當藥師的崔先生，他有六本存摺，大多是銀行的定期存款簿、證券公司的投資信託存摺等，特別的是每一本存摺都寫著幸福跟自由。

某個早上我在一個電視節目上看到這些存摺，第一眼看到的時候，就覺得這個人一定是個很會享受賺錢的人。

賺錢的方法有很多，醫生或律師等因從事專業職業而賺錢、老師因教育學生而賺錢、還有在修車廠修車也能賺錢。

雖然這當中會有「賺少、賺多」的差異，但「賺錢」是任何人都可以做得到的。其中有些人會享受賺錢的過程，也懂得如何去花錢。

在十年或二十年後，有的人在環境優良、應有盡有的家中，過著幸福的下半輩子。有些人則過著爲了房子的租金跟子女的結婚預備金而傷透腦筋的日子。

享受賺錢。

183

因此，很多富翁都會這麼問：「你想要成為哪一種人？享受賺錢？還是享受花錢？」

凝聚集中力，才抓得住三千萬。

「集中力強才能將自己變成富翁。
聚沙成塔，聚少成多。」

不管是世界大富翁比爾•蓋茲(Bill Gates)，還是世界上最窮困的人，共同的一點就是一天都只有二十四小時的「時間」。如何有效利用這二十四小時是相當重要的。有人就因此變成世界最大富翁，但有人卻得成爲萬年的窮光蛋。集中力強的人，能將二十四小時做到四十八小時的效果，而集中力較弱的人，就算一天有二十四小時，也只做到十二小時的效果。

功課好的小朋友，大致上都有很強的集中力；功課不好的小朋友，大部分都比較散漫。功課好的小朋友就算有人在旁邊吵鬧，他也能集中精神去看書，所以別人要花二小時才看完的書，他只需花短短一個小時就可以看完。

不過，功課不好的小朋友，首先要做的就是整理書桌。還沒整理完書桌就突然開始整理抽屜，接著削鉛筆，等拿出課本時就開始睏了起來。功課不好的小朋友爲了看書進行多餘的預備動作，反而沒有做到自己該做的事情。也就是說，別人看了二個鐘頭的書，自己卻連一行作業都還沒有做完。

金錢也是一樣，根據千萬資產家的說法，在自己衝向千萬富翁的過程中，最大的幫手就是超強的集中力。讓具備較強集中力的人來執行工作，一定比別人先踏入富豪之路。

當聚精會神、集中精神工作時，一直想起其他事情的話，就先將事情簡單地寫在筆記本上，自己對自己說：「再等我一下，手邊的事情整理完畢，我就會處理你。」如此的方法也是加強集中力的方法之一。

集中力就是金錢

爲了提升集中力，早上一起床就試著默想看看。當我張開眼睛迎接的今天，就是那麼多人等待的明天，你要帶著感謝的心情去迎接今天，也需要反省昨天的點滴，再來思考今天該做的事情。

走向富翁之路雖然辛苦，但若能像這樣每天早上藉由自我鼓勵，讓更加開心的心情來集中我的思緒。如果每天早上都會賴床到連上班都很困難的人，首先需要改善的就是這種壞毛病。

大部分的富翁在處理事情的時候，都會按照事情的重要性來處理。在理財上的工作可分成四種：第一、重要又有時間上限制的事；第二、雖然有點急，但並不是那麼重要的事；第三、很重要，但並不是很急的事；第四、非重要，也有很多時間上的緩衝。如此定下順序後，進行工作將會更有效率。

只單純認真工作，不可能存到三千萬。

「你還會相信『認真工作，生活就會變好』這句話嗎？沒有分析過的認真，就跟在破洞的水瓶裡裝水一樣。」

只單純認真工作，不可能存到三千萬。

退伍後找到一份工作，過著平凡上班族的生活，就這樣一直到退休；然後退休後再把拿到的退休金存到銀行，每個月靠那些利息來生活，收到子女的關心、看到孫子的成長，就這樣到了人生的黃昏。

不過，在這個時候若是發生了金融風暴，如此幸福美滿的「人生系統」會就這麼給毀了。生活困難重重，找工作就跟摘天上的星星一樣艱難，光是要撐到退休也很難；子女也開始不奉養父母，奉養的傳統開始亂了，而且就算把退休金存在銀行，在這種低利息的情況下，能拿到的利息只不過是小小零用錢罷了。

現實就是如此，從現在開始的人生不能再回到以前幸福美滿的日子。現在需要的是策略性的老年規劃，這樣才能過豐富美滿的人生後半段。

我的母親是每天一大清早工作到深夜的可憐人，一輩子過著窮困的生活，沒有一次穿過華麗的衣服，也沒有給人弄過頭髮，就這樣辛苦了一輩子，連人生的樂趣都還沒有享受到就這麼過世了。也有很多人跟我母親一樣過著很辛苦的日子。之所以這麼辛苦過日子，主要是因爲「只要我努力、認眞地過日子，我的人生一定會有好轉的一天」這樣的念頭，沒有具體的計畫，只是努力、認眞地過日子，不見得會讓人生過得美好。

會踢足球的人，都會知道接下來該把球傳到哪；但不會踢足球的人，就只會跟著球跑，連踢球的機會都沒有。

沒有計畫性的理財，無法保障老年

千萬資產者建議，以計畫性的思考模式來面對生活，如此你的人生才會變得很有效率。

馬拉松選手在四二．一九五公里漫長的路上不可能全程都以全力跑完，初期是需要累積體力的，而爲了不讓自己遭到淘汰就得領先，這也需要非常細部地計畫。如果一開始就全力跑，當然是無法達成第一名的夢想。

191 只單純認真工作，不可能存到三千萬。

以下爲目前在某證券公司擔任總經理所分析的職員分類：

＊帶著非常明確的計畫而努力工作的人——非常可愛

＊有明確的計畫，但卻不會努力工作的人——非常討厭

＊沒有明確的計畫，而只會認眞工作的人——讓人提心吊膽怕惹事

＊既無明確的計畫，又不會認眞工作的人——在短時間內開除他

理財也是一樣：

＊根據理財的明確計畫而認眞努力的人——會變成富翁

＊雖然有理財的明確計畫，但都不會努力的人——不會達成富翁的美夢

＊沒有理財的明確計畫，但卻認眞努力的人——可以算一天過一天

＊既無理財的明確計畫，又不懂得努力的人——會面臨窮困的老年

如果計畫跟努力好好搭配的話，就可以達成大富翁的美夢；但如果沒有計畫，也不懂得努力，只能過窮困的老年。

實際上我看過的大多數富豪皆有對金錢上的明確計畫，也投入很多的努力去達成自己的目標。

省錢，不代表可以存到三千萬。

「分為投資性支出跟消費性支出。要省投資性支出的人，不可能會達成大富翁的美夢。」

193

省錢，不代表可以存到三千萬。

要達成大富翁的美夢，第一階段就是存錢。在最短的時間內盡量存多點錢，才能增加投資的機會。而在這個存款階段，所有的重心都會放在省錢的方法，所以無論如何都得想辦法省錢。

投資可以分成兩種：對「錢」和對「人」的投資。對「錢」的投資，當然是在存款之後的下一個階段成型。而對「人」的投資，則是在理財的全部期間內成型的。

對「錢」的投資，是以存款方式成型的投資資金，不過，對「人」的投資卻是需要事先準備的。對「人」的投資，也就是指提高自己身價的投資，這比任何投資都還划算。而對「錢」的投資，雖然會存在著風險，但提高自己身價的投資是沒有風險的。

對「錢」的投資，只針對那筆錢才會發生收益，但是提高身價後所發生的收益，其效果是會影響到老年的。

一般上班族的理想理財第一名就是「提高自己的身價」。不管是一般上班族還是做生意、從事專業人士，都會爲了提高自己的身價而積極地投資。

爲了加強經濟能力當然就需要省錢，但如果不需要加強自己相關部分，也還是要省。加強自己就是提高自己身價的一部分。

投資性支出和消費性支出

支出可分爲「投資性支出」跟「消費性支出」。「投資性支出」就是上英文補習班或買書等，這並非算是一般支出，當然表面上看的時候的確是一種支出，但以長期眼光來看的話，則可算是一種投資。

這種支出行爲，會有幾十倍或幾百倍的利益回饋給你，雖然效果不能馬上呈現，但卻是可以加強自己的身價。也就是說，「投資性支出」就是「活生生的金錢」。

而「消費性支出」就是爲了吃喝玩樂時所需花費的錢。爲了瞬間的快樂而使

195 省錢，不代表可以存到三千萬。

用的錢都是屬於消費性支出。這種消費支出，在消費的當時會很快樂，但消費後往往會比較容易後悔，所以大家都將這些錢稱爲「死亡之錢」。

要懂得省錢，不過，對充實自己的支出卻不需要太嚴格，因爲這些錢並不是「死亡之錢」，而是「活生生的金錢」，因此這筆支出總有一天還是會回饋到我們自己身上的。

哪怕改善思考邏輯也不見得會成為大富翁。

「沒有行動上的改變，只變更思考邏輯，很難成為富翁。為了變成富翁，就要具備像富翁一樣的思考行動。」

197

哪怕改善思考邏輯也不見得會成為大富翁。

在市面上看得到很多種「如何當富翁」的書，書上寫著只要對自己的思考邏輯有所改變，就可以成爲富翁。當然對有道理的話，自己的思考邏輯也會跟著改變，如此就能變成富翁。但不能只單純地做思考邏輯變化而已，如果只要做思考邏輯的變化就能當富翁，那麼大部分的人早就已經變成富翁了。

所以當富翁的第一階段就是思考邏輯的變化，第二階段則是行動上的變化。沒有行動上的變化，而只做思考邏輯上的改變，那麼距離你的富翁之路就會愈來愈遙遠。也就是說，如果要當富翁，就請按照富翁的邏輯去思考、行動。

那麼，這些富翁又是如何思考、如何行動呢？

第一、我所接觸過的大部分富翁，都有明確的目標概念。有明確的目標和信念才能克服妨礙他的所有誘惑。

第二就是可以超越別人的自我主修。這裡所謂的主修，可以說是自己的事業，也可以說是投資的手段。還有爲了擁有這樣的主修，必須不斷地學習。有時候看書，有時候找專家學習相關知識。

第三就是創意性的加強。不會陷在自我的理念當中，一直爲了創意而思考。

就思考後也懂得去行動，這才是富翁之路。

第四就是對自己的投資非常徹底。不管哪方面，只要是自己鎖定的，都要有徹底的準備，如此準備完善的人在行動上也會跟別人不同。在軍隊練習射擊的時候，射擊前，一定要事先準備好才能射擊，更何況是人生目標與計畫，如此的準備才能延伸到對自己的投資。

第五就是任何小東西都要珍惜。哪怕是物質上或是精神上的，連小小的東西都要珍惜，這樣會幫助你的行動跟思考邏輯。

跟送便當的學習

在高麗大學附近一家餐廳工作的小李，是個很有名的外送便當員，同時也是賺到不少錢的一位外送便當員。

在這家餐廳如果點一道料理，就會送一盤鍋貼；但是學生們都對餐廳老闆的好意並不領情，所以小李比較過鍋貼的單價跟燒酒的單價，結果發現這兩種東西的單價都差不多。「如果單價差不多，送燒酒會如何？」小李自己思考了一下就決定執行，結果學生們的反應相當熱烈。在年輕人集合的地點，尤其是喜歡喝酒的高麗大學的學生而言，當然會是天大的好消息。

有一天，小李送便當給教授時，有人交代如果教授電話中的話，把教授點的炸醬麵放在桌上就可以，但小李覺得如果就這樣走的話，炸醬麵一定會糊掉，因此小李就將保鮮膜拿掉幫教授拌麵，因爲先這樣拌完，麵才不容易糊掉。如此體貼的服務，在教授們之間開始傳開，之後這家餐廳的所有外送服務都是小李一個人負責。

代替鍋貼發想燒酒的就是他的創意，更重要的是自己發想的創意都有落實執行，並延伸給他很大的效益。

請勿將自己困在「再來一次，再來一次」的陷阱裡。

「要擺脫『再來一次就會幸福』的那種觀念。
當『小富翁』過幸福的生活不是很好嗎？」

201 請勿將自己困在「再來一次，再來一次」的陷阱裡。

不可能每一位富翁都是大富翁，富翁之間也有分等級，可分別爲「大富翁」、「中等富翁」以及「小富翁」。

「大富翁」就是像大企業董事長級的人，擁有幾兆、幾千億資產的富翁。通常都會以他自己所擁有的股份來評價自己的財產，也是一般人都會羨慕的「老天賜下的富翁」。

「中等富翁」就是擁有幾百億、幾十億財產的富翁。以擔任過大企業總經理或白手起家類型的居多。

「小富翁」就是千萬富翁，在我們周遭常常看得到。這些人的特徵大部分都是靠自己的努力才能擠身到這個行列的。

我們要注意看的地方就是在這，從我們周遭平凡的鄰居們以存款轉投資、因而變成千萬財產家的身影上得到「我們也可以存到三千萬」般強烈的原動力。

在這個階段，從一無所有開始到現在的富翁，都會給一般老百姓羨慕的感覺。不過，如果回頭看這些富翁的過去，爲了達成自己的目標所要犧牲的東西也很多。

像這些看起來像是幸福的代表、卻是連跟家人之間相處的時間也都犧牲，沒有一個可以談心的朋友、也不能享受自己的喜好，甚至被很多人說「他的情人就是工作」，他的興趣也還是「工作」。

雖然「小富翁」沒有像「大富翁」那麼有名，也沒有那麼大的威望，但是自己想做什麼都有財力可以去執行，所以「小富翁」比較會去關心跟家人之間的互動，也會享受自己的興趣。到了週末還可以找幾個好朋友打場高爾夫球，談一些平常的話題，也可以跟家人一起出國旅行。算是經濟面跟精神面都保留自我空間的人。

─再拿多一些，並不代表是幸福─

當手上擁有「一個」的人正在感謝這一切的時候，那些已經擁有「九十九個」

請勿將自己困在「再來一次，再來一次」的陷阱裡。

203

的人，正爲了要再拿一個裝滿一百個而傷透腦筋。如果人的幸福是因金錢的變數而左右的話，理想中擁有愈多就會愈幸福，不過，現實不會是如此。

沒有人覺得上億富翁比千萬富翁幸福十倍。千萬富翁是以「小富翁」感受到的效益價值、跟因爲自己非「大富翁」所能享受到的自由，是個同時擁有的幸福富翁。

能夠脫離「再來一次，再來一次的陷阱」，寧願自己當「小富翁」來享受人生，過著幸福的日子，這不是一件很美的事嗎？

第七章

金錢EQ實戰篇

三千萬，沒有捷徑，只有腳踏實地。

三千萬，以正常的方法來挑戰。

「辛苦是一時的，需要心理上的準備。沒有走向三千萬的直達電梯。」

三千萬，以正常的方法來挑戰。

父母一毛錢都沒有遺留下來的林總，很了解金錢的恐怖，尤其是在很窮困的學生時代，最辛苦的莫過於度過寒冷的冬天。

林總辛辛苦苦讀完大學後，一找到工作就開始上班，也向銀行貸款買了間小小的公寓。有時候爲了貸款的分期付款，一大早就得起來送報紙再去上班。等到入住公寓時的那天，林總終於忍不住流下眼淚。

而今住在豪華別墅裡過著悠閒生活的他，卻常常說這些話：「當在累積你的財產時，不要一直想找捷徑或耍小聰明，只要好好地利用你的身體就好，死掉後就會變成塵土的肉身，在活著的時候讓它辛苦點有什麼關係？」

我跟林總對話的過程中，再度領悟到達到財富的目標並無捷徑，林總所走過的雖然不是什麼捷徑，但卻可以說是成爲富翁的腳踏實地之路。

沒有捷徑，只有腳踏實地

有很多條走向富翁之路，但確定的是，不管哪一條路都不是捷徑。每個人都知道的路，不見得每個人都會走，這就是走向富翁之路。爲了一時的貪念而尋找捷徑的人，比較容易掉進陷阱，所以最好是自己默默地走過去。

首先要規劃好人生計畫，這樣就會開始富翁之路。經過規劃後，接下來再設定成爲富翁的目標，這目標可分爲「長期目標」、「中期目標」以及「短期目標」。「短期目標」需要細項設定來實踐。

然後需要控制自己的收入跟支出，收入不多的話，可以考慮去找副業；支出多，當然就要懂得節省。爲了節省外食費，可以在家煮個麵吃；爲了節省補習費，可以試試看父母自己教孩子的方法。

支出多可能會覺得很開心，但是不可能覺得幸福。節省支出會覺得很不便，

三千萬，以正常的方法來挑戰。

209

但是卻可以接近幸福。像這樣對收入跟支出的控制，在最短的時間內湊出投資資金，這樣機會來的時候才不會失去。

就算手裡有投資資金，倘若無法把握機會，這些投資資金也會無用武之地。因此平常需要多學習金錢上的知識，不要只關心藝人的八卦，而是應該去關心國內的景氣動向。

走向三千萬的路會面臨五種共通敵人。

「打敗邁向富翁之路的五種敵人。
沒有一個富翁會陷入這五種敵人的誘惑。」

211 走向三千萬的路會面臨五種共通敵人。

爲了成爲富翁的第一階段，就是能存多少的投資資金。比別人早一年存到投資資金，讓我比別人快五年成爲富翁。

在存投資資金的過程中，最大的誘惑就是「車子」。因爲每個人都有，若是我也吵著要的話，就只能跟別人擁有同樣的水準。

如果你想跟別人一樣、卻又想讓自己成爲富翁的話，有時候需要判斷這些是否要做。對現代人而言，「車子」是必需的工具，所以「擁有車子」比「沒有擁有車子」更需要決心及勇氣，有了這樣的決心跟勇氣，才能更接近富翁行列。

買車子的行爲不單只是「拿出點錢購買車子」而已，最重要的是購買車子時，一定會被課徵各種稅金。就好比說，在韓國購買汽油所含的稅金高達七十二%，如果加二千元的油，繳的稅金就是一千五百元的意思。

富翁最討厭的就是稅金，如何減稅來增加自己的財富，這就是富翁們共同關心的話題。不只是稅金，爲了保養而花的各種費用也是不小的負擔。除了汽油之外，有時候也會繳罰款。雖然看起來是筆小小的停車費，但累積下來，也是相當可觀的負擔。

除了車子外的共通敵人

第二個敵人就是「預借現金」。緊急情況時，習慣性申請的「預借現金」，其利息高達三〇%，連這種服務都敢使用，還想要「存到三千萬」，奉勸你不用再做白日夢了。

第三個敵人就是「保證」。在金融風暴時，很多人離開職場的原因之一就是「保證」。為了講義氣，也為了友情，那就不要跟別人要求做「保證」，也不要幫別人做「保證」。

第四個敵人就是「樂透」。大部分的富翁是不會買「樂透」的，好好觀察身旁的人，買「樂透」的人幾乎都是沒錢的小老百姓。

沒見過在飯店大廳賣「樂透」的，「樂透」通常都會在公車站前或捷運站內等地販售，而富翁常經過的地方，則根本就找不到賣「樂透」的店鋪。

213 走向三千萬的路會面臨五種共通敵人。

第五個敵人就是「賭博」。每個人都一樣，剛開始玩的時候都會說是「打發時間」，可是通常還是會有很多人陷入「賭博」的陷阱裡，無法逃出來。會以「賭博」來賺錢的，就只有賭場老闆。而且「賭博」會搶走我們寶貴的時間。

有很多富翁勸告，要狠狠地砍掉阻礙邁向富翁之路的五種敵人的頭。

今天要做的事不要拖過明天。

「若每次都找理由和藉口拖延下去，何時才能成為富翁？決定要存款，就算發生再多的困難，也要繼續下去。」

215 今天要做的事不要拖過明天。

富翁向來都很勤勞，今天該做的事情，絕對不會拖到明天才處理。明天會有明天的太陽，自然明天就會有明天該做的事情。如果今天該做的事情沒有處理完，那麼明天就得處理今天該處理的事情，而明天的事情，又會被拖延到後天才能處理。

每天如此不斷地拖延下去，有時候事情尚未處理完畢，就隨便丟出去，會發生問題。這一點就是富翁和一般人的差異，這差異的範圍會愈來愈大。

今天應該做的事情，不要拖到明天再去做，這就是金錢管理上非常重要的一環。如果今天忘了繳電費，就得負擔延遲繳款的利息，而繳這種利息，就是自己的損失。

韓國A企業的金經理在年初參加教育訓練時，看了一部名為《寄到天國的信》的錄影帶，片中描述突然面臨到死亡的人、周圍親朋好友的悲哀，看看這些好像不是別人的事情之後，於是便為了自己跟家人的老年，買了終身保險，也有在計畫要存更多的錢。首先，下定決心拿每個月薪水的一半做定存；可是第一個月碰巧遇到五月，韓國五月有「母親節」、「兒童節」還有「教師節」，因此決定延後一個月再開始存款。到了六月，遇上了父親的六十大壽，所以只好又延後了一個月開始存款，七月也是一樣，到了暑假假期當然要跟別人一樣好好地度假，於是又決定下個月再開始存款。如此個人合理化下來，當然也就無法依照原先計畫去存款。金經理甚至到現在，都還無法按照原先的計劃做定存。

勿當NATO命令官

在周圍常常看到金錢IQ相當高的人，這些人大部分都是在金融機關工作，他們都很了解定存的利息，且對競爭銀行或其他金融機關的定存方案非常了解。

不過，這些人不見得都會成爲富翁！對金錢上的知識很廣，爲何不能成爲富翁？這是因爲他們只會用腦袋來裝這些知識，卻沒有實際執行的關係。

今天要做的事不要拖過明天。

217

我們當然不能成爲如此的NATO(No Action, Talking Only，意思是光說不練)命令官，這就是沒有成爲富翁的大部分人身上可看得到的共同現象。

小朋友放學回到家後，媽媽都會叮嚀說：「先寫完功課，才能出去玩喔！」如果先跑出去玩、再回來寫功課的話，小朋友都會說很累；這樣有時候就會變得不想寫功課，因此大部分的媽媽都會叮嚀：「先寫完功課，才能出去玩喔！」

那麼每個月消費後剩下的錢拿去存款，跟先存款後剩下的錢拿來消費，又是什麼樣的關係？

「先寫完功課再去玩」和「先存款再來消費」，這兩種情況的重點當然是一樣的，這就是千萬富翁強調的重點。

不要把自己變成工作狂，而是要追求效率。

「在工作狂當中，沒有一個幸福的富翁。當所有的事情維持平衡的時候，效率會更高。」

219 不要把自己變成工作狂，而是要追求效率。

「工作狂」就是除了工作之外，對其他事情都漠不關心、滿腦子只想到工作的人，工作時甚至比玩樂還來得開心，沒有事情可以做的話，反而會變得相當不安，甚至連週休假期也要工作才能放心。

如此中工作毒的人，大部分都不會喜歡運動，卻喜歡抽菸和喝酒；而且如果事情進展得沒有很順利，就容易感到壓力，甚至有些人容易得憂鬱症。所以很多人就說像這樣的「工作中毒症」，就是這個社會製造出來的一種成人病。走向富翁之路，就是幸福之路；如果忽略健康及家庭生活，就算成爲富翁又有什麼意義。

工作狂的缺點，就是無法追求工作上的效率。每天花費在工作上的時間比任何人還要多，但帶來的效果卻比任何人差。主要原因在於無法發想比較獨特的想法。

懂得追求工作效率的人，會事先充分準備規劃好，以必要的部分爲主，來進行處理，所以懂得保護自己的健康，也會顧好家庭的穩定生活。

如何達到工作上的效率

A銀行的江總，做事風格非常獨特，可以用一句話來形容他，那就是「MEMO狂」！

首先，把今天要做哪些事情都寫在便利貼上；接著，再按照便利貼的顏色，分別寫一些事情的內容。橘色爲需要緊急處理的事情，黃色爲盡量快點處理的事情，藍色爲需要專心思考的事情，就這樣將這些便利貼貼在自己的桌上。當然要先處理橘色便利貼上寫的事情，接著再依黃色、藍色的排序依序處理。

根據江總的說法，這樣把事情處理的順序安排好，用有效率又安定的心去處理每一件事情，每當以這種方式處理完事情後，就把寫了工作內容的便利貼丟進垃圾桶，這樣會讓他感到非常莫名的快感。沒有經歷過的人，可能無法了解這種感受。

221 不要把自己變成工作狂，而是要追求效率。

已達到千萬夢想的大富翁強調，排定工作的優先處理順序，就會比較容易有效率地處理事情，而且如此進行才有辦法擺脫「工作中毒症」。

運用銳利的透徹力來抓住機會。

「別人思考一次時，你就要思考二、三次。這樣一定可以抓住累積財富的機會。」

運用銳利的透徹力來抓住機會。

很久以前韓國大部分的富翁都是沒有學到很多東西的人，因爲經過「六二五韓國大戰」後，社會上出現許多大變動，才無法就讀，不過，在這些富翁中實際上沒有人是無知的。

沒有學到東西的意思跟無知有點類似，但不完全是一樣的意思。沒有學到的意思就是沒有受到階段性的教育，而無知的意思，則是智能指數偏低的意思。這些富翁都很謙虛地說自己很無知，實際上每一位都很聰明，是頭腦轉得很快的人。

千萬資產家說，有些人不管做什麼事情，只要是上司交代的，就不會想很多，只會默默地工作。而有的人就會不斷地思考更好的方法，這一點就是富翁跟一般人的差異。

大部分的富翁都具備銳利的透徹力，所以一旦機會來了，就絕不輕易放手。富翁在觀察的時候，不單只是單純地看，還會以銳利的眼神來觀察、思考。

朴正熙總統與鄭會長

在此介紹給大家韓國前總統朴正熙與現代集團的始祖鄭周永。

在江源道春川的邵陽堤防，剛開始在規劃的時候，是以混泥土來設計的。當時鄭會長向朴總統建議，像韓國這樣比較容易發生戰爭的國家，是需要建蓋用沙子跟泥土混合而成的堤防。如果混泥土堤防遭受到攻擊，整個堤防都會垮掉，不過，沙子跟泥土混合的堤防被暴擊時，只有被攻擊到的部分會留下痕跡罷了。

以砲兵出身的朴正熙總統立刻了解鄭會長的意思，因此邵陽堤防的工程是交由現代集團來進行的。當時朴總統詢問鄭會長，建設邵陽堤防需要多少預算，鄭會長回到公司後立刻交代祕書，將公司所有資金總動員去買江南的土地，江源道跟邵陽堤防有何關係，為何要交代公司立刻買江南的土地？

225 運用銳利的透徹力來抓住機會。

以前的江南跟現在不一樣，是個只要下大雨就會常常淹水的地區，如果有一個堤防能擋住這些水，鄭會長判斷此地區一定會有發展的可能性。因此江南地區的土地有多少鄭會長就馬上購買，結果眞的跟鄭會長所想像的一樣，江南地區的土地價格愈來愈高，當然鄭會長也因此獲得了非常龐大的收益。

鄭會長有了如此銳利的觀察力跟判斷力，所以比較容易會抓住機會。當別人在發呆的時候，思考一次；而別人在思考一次的時候，你就思考二、三次。

多接近富翁。

「千萬富翁有千萬個學習之處。
億萬富翁有上億個學習之處。」

227

多接近富翁。

我們都很希望自己能成爲富翁，但是大部分的人本質上都不太尊敬富翁，不是因爲那些富翁沒有被尊敬的資格，而只是單純覺得反感，也因此就不會去尊敬富翁。

我們對繼承父母財產的富翁，就說「都是父母的功德」；而對白手起家的富翁則說「只是運氣好而已！」用這種方式來安慰自己。

有很多小市民對「繼承父母財產的富翁」有很大的反感。不過，這種反感並不會幫助你成爲富翁，可以認同的就去認同，以坦率的眼神來看待富翁，這樣我們才能進入富翁之列啊。

「繼承父母財產的富翁」當然是因爲遇到好父母才成爲富翁的，但是韓國是認同私人財產的資本主義國家，在資本主義社會裡，將自己的財產繼承給誰都是富翁的自由，雖然很多人對這些富翁帶著反感，但這種反感不會幫你提早成爲富翁。

白手起家型的父母，不只是成爲富翁，像已經過世的鄭周永會長，眞的像很多人說的一樣，只是運氣好才成爲富翁的嗎？首爾市長李明博也只是運氣好，三十歲就當上了協理、四十歲當上了社長，然後現在碰巧變成龐大規模的資產家嗎？這些人能成爲代表韓國的事業家、也成爲富翁，都是因爲付出了很大的努力才能坐上現在的位子，至少我們要肯定也要尊重他們的努力跟熱情。

向富翁學習

「近朱者赤，近墨者黑」，接近油墨就會變成黑色，若接近朱墨則會變成紅色，正因爲如此，更要接近富翁才會有機會成爲富翁。如果接近窮困者，那就會變成窮光蛋了。

但是實際上大部分的富翁都只會跟富翁互動，所以還沒成爲富翁的我們，要想接近富翁是件相當困難的一件事情。不過，仔細觀察周圍，一定找得到我們比較容易接近的富翁，然後要跟他們維持良好的關係。

多接近富翁。

229

在富翁的身上的確有很多東西可以學習，不過大部分的富翁不可能會教我們成爲富翁的好方法，只是在日常生活當中，需要我們自己注意觀察他們的一舉一動，自己去領悟一些道理。

第八章

金錢EQ完結篇

請拒絕當「瘸子富翁」

如果不想當富翁就這樣做。

「如何才能成為幸福的富翁？
又如何變成窮光蛋？」

爲何我不能成爲富翁？

已經成爲富翁的人是如何辦到的？尚未成爲富翁的人又爲何沒有成爲富翁？是因爲很懶的關係嗎？還是因爲沒有財運的關係？還是因爲常常敗家的關係？如果自己屬於這三種人之一的話，當然就很難成爲富翁。可是，問題是除了以上屬於這三種的人之外，其他人也沒有成爲富翁，到底是什麼樣的情況讓自己無法成爲富翁呢？

第一、如果把窮困當成是自己的命運，那就永遠無法成爲富翁。在我們父母親那個時代每個人都很窮，那時候大家唯一的希望不是成爲富翁，而是希望能夠吃碗白飯、喝碗牛肉湯，若能讓自己每餐都吃得到這些，就會覺得相當幸福。因此也不會爲了成爲富翁而努力。只是若認爲這一切都是自己的命，坦然地接受，有這樣的想法根本就不可能成爲富翁的。

第二、針對金錢的計畫性想法不足的情況。如果有錢就會去花、沒有錢就過一天算一天，這些人的消費型態通常只靠現在的所得，而且完全沒有金錢的收入及支出的計畫。

如果對金錢有計畫性思考邏輯的人，在目前的收入還不穩定時，爲了能有穩定的收入，就會產生很多想法，還有未來如果支出會超過收入，那就需要開發額外的所得，如果沒有如此的計畫，就會過著很辛苦的日子。

第三、可以存款但不投資的人。光靠存款很難期待到資產的暴增，光靠存款還可以擠身富翁之路的人，大部分都是年薪超過三百萬以上的專業人士才有辦法作到。

存款存到一定量之後就進行投資。不管是投資股市還是投資不動產，爲了增加自己的財產需要找出機會。如果繼續將錢存在銀行，那就會像現在這樣低利息時代無法帶給你多點的利益，這樣無法踏進富翁之路。

第四、未經過存款的階段就直接進行投資的情況。在著急的情況下進行投資，沒想到會失敗，爲了克服失敗時所遭受到的打擊，還需要花很多時間去安撫。不管什麼事情都有其階段性，如果沒有按照階段性進行的話，當然就會帶來許多痛苦。

需要挑選投資對象

記得筆者兒子還在讀小學的時候，有天下班後看到兒子腳上打了石膏。

「怎麼會打石膏？」

「爸爸，今天在學校有跳下來的比賽，沒想到我得到第一名。」

「什麼？跳下來比賽？」

「嗯……我是在第六階階梯跳下來的，其他的同學都不敢往下跳，只有我一個人敢跳。」

「所以才打石膏的嗎？」

「是啊。」

階梯就是一個一個地往上踏，就算心裡多著急，也不能一下子跳下階梯，如果一口氣往下跳的話，就像我兒子一樣得打上石膏。

存到三千萬的幸福指數。

「你的幸福指數有多少？
在幸福指數中最大的變數就是經濟能力。」

將幸福指數數據化的話，可以用以下算式來說明。

人的幸福指數＝經濟力×（工作上的成就感＋穩定的家庭生活＋健康）

此算式的各變數加重值，每個人都不同。沒有錢的人在經濟力上放的加重值較多，對自己的工作不滿的人，在工作上的成就感放的加重值就會愈多；互相都已經沒有愛情跟尊敬的夫妻，在穩定的家庭生活上放的加重值也比較多；健康狀況不佳的人，在健康上放的加重值較多。

那麼，我們換個角度思考看看。具備好的經濟能力情況下，成就感、家庭生活、健康皆有問題時，人的幸福指數究竟會有多少？而且經濟能力好就能夠解決這些問題嗎？

如果對自己的工作感覺不到任何成就感時，就該換工作；如果夫妻關係到了極限的時候，至少有機會可以重新出發；而健康上亮起了紅燈，則找個可以療養的地方好好養病。也就是說，能夠確保經濟力，就可以拉高幸福指數。

但是，工作上的成就感很高的情況下，在其他部分若發生問題，若沒有一個好辦法可以協助解決，就算夫妻之間非常恩愛，也不可能解決所有的問題，就算健康也不見得會幸福。因此，除了經濟力之外，在其他部分所發生的幸福指數減少，也就無法一一去補充了。

幸福指數中最大變數就是「經濟力」。許多人都是爲了成爲富翁而不斷地努力，就是爲了拉高自己的幸福指數。

李院長的幸福指數

在釜山經營補習班的李院長眞的很幸福。在職場生活中努力存款、投資，好不容易存了三千萬元，終於可以經營一家補習班，這時在他心裡裝滿著達成目標後的成就感。

去年秋天李院長夫妻花了二萬五千元作了綜合健康檢查，今年太太的生日那天送了一台運動機，李院長只希望跟他太太白頭偕老過著幸福的生活。

李院長所追求的人生就是以經濟力爲基準，享受精神上的自由，所以這次夏天假期去澳洲找親戚，就只是爲了很久以前就很想去雪梨看看的兩個女兒。

往雪梨的飛機上，李院長很體貼地跟太太、女兒聊了起來，跟家人一起在雪梨旅行的時候，想起很多以前辛苦生活的點滴，雖然過去的辛苦生活無法形容，但現在的李院長可以將它當成一個回憶來看，已經存了三千萬元的李院長目前的幸福指數會有多少呢？

一定要避免將貧窮繼承給下一代。

「如果有自殺的勇氣，就用這勇氣來努力活下去。
所以要避免貧窮的流傳。」

241

一定要避免將貧窮繼承給下一代。

每一位父母最關心的就是子女的教育問題，尤其做父母的學歷不佳的話，大部分對子女都會很執著；反而一輩子讀書的教授，平常都不會要求子女讀書。對讀書漠不關心的父母，應該就能理解子女的想法，但通常這情形時，父母反而都會強制要求小孩讀書。

但是，更大的問題就是沒有能力對子女作如此要求的父母，基本上一般貧民層的子女們想讀書也無法繼續讀書，當然也無法去補習班補習，甚至分擔點自己讀書的時間幫忙父母工作。

唸到國中是義務教育，也可以繼續升學。但是爲了要升學還得看父母臉色，這種小孩非常可憐，當然還是有很多父母都希望自己的子女總有一天能出人頭地，但是這些算一天過一天的貧民區父母，一定比別人過著更難過的生活。

爲了打破「貧窮繼承」的社會現象，需要國家的支援及輔助，但是這種情況的首要責任就在於自己身上。

爲了讓子女能過著舒服的生活，需要帶著使命感，也要具備經濟能力，不是爲了自己吃喝玩樂，而是要爲了自己的子女。

真的很難過的故事

幾個月前，在報紙上看到令人相當難過的消息。住在仁川的孫小姐，由於信用卡龐大卡費的關係，就帶著三個子女在大樓公寓頂樓上跳樓自殺。

孫小姐的先生，在三年前面臨公司倒閉，連薪水都沒有拿到，後來只好做工地苦工跑遍全國各地，但是工作不可能每天都會有，就算有工作也無法維持五個人的生活，所以逼不得已只好使用信用卡來過日子。就在這種日子差不多過了一年之後，就發生信用卡費遲繳的問題。一直無法解決信用卡問題的孫小姐，最後選擇的方法就是帶著三名子女到大樓公寓頂樓，結束三個孩子跟自己的生命。在孫小姐留下來的遺書上寫著：「我對不起孩子，眞的不想再活下去了，希望能把我們埋在我們的故鄉。」

孫小姐這樣的選擇主要原因出在於信用卡卡費，但是最根本的原因就是對

243

一定要避免將貧窮繼承給下一代。

「貧窮繼承」害怕的關係。害怕自己的子女會像自己一樣過著辛苦的日子，於是選擇帶著年幼的子女結束了生命。

「如果有自殺的勇氣，就應該用這勇氣來努力活下去。」大家一起打破「貧窮繼承」吧。

不要為了私人的目的而利用周圍的人。

「不要為了自己的目的利用周圍的人。
不要為了自己的財富而犧牲周圍的人。」

245 不要為了私人的目的而利用周圍的人。

做生意遇到困難時，很多人都想過要利用周圍的人。爲了自己的貪念利用周圍的人、且帶給他們不少損失，這的確是不道德的事情。

目前經營高爾夫事業的金社長，第一次做的事業就是賣蕃薯。大學聯考結束後跟朋友一起賣蕃薯，每個朋友都很努力地賣蕃薯，不過，卻沒有想像中的那麼好賣。那時候有一個朋友建議，不如去各個朋友家拜託他們的父母買蕃薯。果然這個方法出乎意外地有很大的效益，不過，也不可能每次都拜託朋友的父母買東西，因此這事業就這樣簡單地結束了。

發生此事一年後

一年後的冬天，金社長以大學生的身分開始賣蕃薯，爲了不再犯以前的錯誤，於是便開始開拓市場，也思考了很多行銷計畫。金社長鎖定的目標就是大學附近的咖啡廳。金社長走進咖啡廳後，便將一包蕃薯免費提供給咖啡廳老闆，接著就找情侶推銷自己的蕃薯，結果此方法有很大的效益。於是金社長就透過賣蕃薯的事業，存到了一個學期的學費。

如今已經不是學生的身分，而是社會人的身分，那就要對自己的行爲負最大的責任。那麼就不能做些會造成別人困擾的事情，如此心情就可能會影響到你的人際關係。

如此利用周圍的人成爲富翁，這不是我們眞正想要的富翁。要想成爲眞正的富翁，就不要利用周圍的人。

247

不要為了私人的目的而利用周圍的人。

一位「瘸子富翁」的故事。

「沒有愛情、只有錢的富翁，就是瘸子富翁。
跟大家分享自己變成幸福富翁的故事。」

「愛你的鄰居」，這句不是只在聖經上才能看得到的名言，我們要懂得愛自己周邊的人，這就是人生的道理。

記得筆者在國小的時候，曾經聽過一個巨人的故事：小朋友們每天放學都會去巨人家的院子玩耍。有一天去找朋友的巨人終於回來了，他回到院子時，剛好很多小朋友在那裡玩耍，巨人立刻大聲說：「你們在這裡幹嘛？」這時很多小朋友馬上就跑出去。「這院子是我的，除了我之外，別人不能來這裡玩。」巨人馬上在院子周圍圍起了牆壁，不讓小朋友進來玩。當然巨人的這種行爲是非常自私的。

到了春天，到處都看得到漂亮的花和可愛的鳥，但是在自私的巨人的院子裡，卻還是冬天的景象。「今年的春天爲何來得這麼慢？」巨人坐在窗邊無奈地說，但是春天就是一直不來找他，夏天跟秋天也是，巨人的庭園裡一直都是冬天。

有一天，有幾個小朋友透過巨人院子牆上的一個小洞，又闖進了巨人的院子。院子裡的植物似乎感覺到有很多小朋友來訪，這些植物就立刻變了顏色，也有很多小鳥來跟小朋友玩耍，看到這美麗的景像後，巨人的心也感受到春天的到來了。

「經過這段日子，我現在才明白我是多麼地自私……」他終於領悟到春天的來臨，於是立刻推倒院子裡的牆壁，讓這些可愛的小朋友有一個溫馨又舒服的地方玩耍。

我們眞正要的富翁

上述的故事中，院子就是「財富」的象徵。巨人獨占院子之後，院子就一直無法回到春天，不過跟小朋友分享以後，春天就立刻來了。這就是說若是懂得與周圍的人分享，就能有更好收穫的意思。

爲了要成爲富翁，物質上的條件固然重要，不過，如果精神上有所欠缺，就不能說是眞正的完美富翁了。你有物質上的三千萬，精神上當然也需要三千萬，如此才能成爲眞正幸福的富翁，不然你就只能當個「瘸子富翁」。

緬懷心存溫暖胸襟的人。

「金錢的真正意義並非是『貨幣』。
金錢，是讓我們幸福的一種工具。」

金錢萬能主義時代，金錢就是最高價值的東西。金錢就像海水一樣，愈喝就會愈想喝。不過，眞正的富翁就是「有溫暖胸襟的人」。而所謂「有溫暖胸襟的人」，其實就是指人格上沒有缺陷、道德上也充滿博愛精神的人。

讓人幸福的技巧，其實我們不難從韓國三德製紙全會長的身上發現到，前一陣子全會長捐給安陽市政府市價超過三百億韓幣以上的工廠土地。全會長在捐工廠土地時，說了這麼幾句話：「我在安陽工作了這麼久，我應該要做點對安陽加分的事情，所以我決定捐給安陽市政府我所擁有的工廠土地。對錢的貪念每個人都有，但我認爲更重要的是如何去關心周圍的人。」

聽到這樣的消息，我相信不止安陽市民，就連全國國民都會變得很幸福。全會長就是擁有溫暖胸襟的代表人物。

我們所希望的理想社會

富翁的眞正價值除了金錢之外，更重要的就是「溫暖的胸襟」，富翁已經確保了經濟上的自由，因此精神上的成長是不會很難的。而已成爲富翁的人，在心理上則具備了想照顧周圍不幸人士的一片溫暖之心。

我們希望的理想社會就是「這社會上的所有人都能擁有一顆溫暖胸襟」，如果眞的就像書上所說的，每個人的心胸都這麼溫暖，那麼這個世界肯定會變得更美麗。

眞正的金錢，並非是「以物質來代替的貨幣」，而是「能讓人幸福的工具」。

緬懷
心存溫暖胸襟的人。

發財IQ • EQ

Life Net 生活良品027

Billionaire's Money IQ＆EQ

作　　者　金大中
翻　　譯　李鍾鉉

總 編 輯　張芳玲
書系主編　張敏慧
文字編輯　林麗珍
美術設計　何月君

TEL：(02)2880-7556　FAX：(02)2882-1026
E-mail：taiya@morningstar.com.tw
網址：http://www.morningstar.com.tw
郵政信箱：台北市郵政53-1291號信箱

發 行 所　太雅出版有限公司
台北市111劍潭路13號2樓
行政院新聞局局版台業字第五〇〇四號
印　　製　知文企業(股)公司 台中市407工業區30路1號
TEL：(04)2358-1803
總 經 銷　知己圖書股份有限公司
台北分公司 台北市106羅斯福路二段95號4樓之3
TEL：(02)2367-2044　FAX：(02)2363-5741
台中分公司 台中市407工業區30路1號
TEL：(04)2359-5819　FAX：(04)2359-5493

郵政劃撥　15060393
戶　　名　知己圖書股份有限公司
初　　版　西元2006年05月01日
定　　價　280元
(本書如有破損或缺頁，請寄回本公司發行部更換；或撥讀者服務部專線04-2359-5819#232)

ISBN 986-7456-85-8
Published by TAIYA Publishing Co., Ltd.
Printed in Taiwan

國家圖書館出版品預行編目資料

發財IQ.EQ =Billionaire's money IQ. EQ/
金大中作；李鍾鉉翻譯. -- 初版. -- 臺北
市：太雅，2006〔民95〕
面：　公分. --（生活良品：27）
ISBN 986-7456-85-8（平裝）
1. 金錢心理學 2. 理財
561.014　　95006614